LE TRAVAIL

ET

L'USURE

Ezra Loomis Pound

Publié en italien en 1944 sous le titre

'Lavoro ed usura : tre saggi'

*Édition française
revue et corrigée par Patrice de Nivard*

Un homme ne comprend pas un livre profond avant d'avoir vu et vécu au moins une partie de ce qu'il contient.

ÉDITION ORIGINALE NON CENSURÉE

__Exegi monumentumære perennius__
Un serviteur inutile, parmi les autres

Mise en page, illustrations
25 Octobre 2013
Baglis

Pour la Librairie Excommuniée Numérique des CUrieux de Lire les USuels

LE TRAVAIL ET L'USURE

Trois essais

L'Or et le Travail

L'Amérique de Roosevelt et les causes de la présente guerre

Introduction à la nature économique des États-Unis

EZRA POUND

« AVEC L'USURE

La laine ne se vend plus
Avec l'usure les moutons n'apportent plus de gain
L'Usure est une peste
L'usure émousse l'aiguille
Dans la main de la servante
Éteint le talent de la fileuse
Pietro Lombardo ne vient pas de l'usure
Duccio ne vient pas de l'usure
Ni Pier Della Francesca
Ni de l'usure Zuan Bellin
Ni peinte "La Calunnia"
Ni de l'usure Angelico
Ni Ambrogio Praedis
Ni l'église de pierre taillée signée : Adamo me fecit
Ni de l'usure saint Trophime
Ni de l'usure saint Hilaire,
L'usure a fait rouiller le ciseau
Rouiller l'art et l'artisan
Rongé la trame sur le métier
Nul ne sait plus y mêler le fil d'or
Azur est dévoré par ce cancer
Cramoisi n'est plus brodé
Émeraude ne trouve plus de Memling
L'Usure frappe l'enfant dans le ventre de sa mère
Elle frappe le jeune homme qui fait sa cour
Le paralyse dans la couche nuptiale
L'usure s'étend entre le mari et sa jeune épousée
CONTRA NATURAM
Ils ont amené les putains à Eleusis
Des cadavres prennent place au banquet
Sur mandement de l'usure. »

(EZRA POUND, *Les Cantos*, *Cantos* XLV extrait)

L'Or et le Travail

Les discussions s'élèvent de l'ignorance de tous les disputeurs.

Usury : a charge for the use of purchasing power, levied without regard to production, often without regard even to the possibilities of reproduction.

L'usure : taxe prélevée sur le pouvoir d'achat, sans égard pour la productivité, ni souvent même pour les possibilités de production.

Le lundi 30 janvier 1933 (l'an XI) à cinq heures et demie de l'après-midi, l'auteur de ces notes porta à un personnage du gouvernement italien une liste de dix-huit points qui fut publiée dans le Meridiano di Roma ; dix ans plus tard avec pour résultat que cette gazette fut bannie des États-Unis.

Les libéraux ne purent en souffrir certaines idées.

La bibliographie de l'auteur contient, outre des ouvrages non spécifiquement économiques, plusieurs centaines de lettres, des articles sur la monnaie, des livres et autres brochures parmi lesquels :

ABC of Economies. Londres, 1933.

Jefferson and / or Mussolini, 1935.

Social Crédit, An Impact, 1935.

What is Money For ? 1939.

En italien :

Confucio, Studio Intégrale (en collaboration avec Alberto Luchini),

Carta da Visita (Ed. Lettere d'Oggi).

Collaboration au Meridiano di Roma, à la Rassegna Monetaria (revue monétaire), etc.

Feuille de discipline civique

Tant que tu n'as pas démêlé le fil de tes pensées,
tu ne les peux communiquer à autrui.
Tant que tu n'as pas mis de l'ordre dans tes pensées,
tu ne peux être un élément d'ordre dans le parti.
Le fait militaire tient à l'honnêteté du régime.

À la mémoire d'Aurelio Biasi.

*Très simple, ce que je veux,
c'est une nouvelle civilisation.*

Le mode de l'Utopie

Le 10 septembre dernier, comme je longeais la Via Salaria, par-delà Fara Sabina, je pénétrais, après un certain temps, dans la République de l'Utopie, pays placide entre tous qu'on ne rencontre dans aucun livre de géographie (1).

Comme je demandais la cause de la sérénité qu'affichaient les gens de ce pays, il me fut répondu qu'ils la devaient à leurs lois ainsi qu'à leur système d'éducation depuis leurs premières années d'école.

Ce peuple dit que nos connaissances générales dérivent de connaissances plus particulières (c'est en quoi il rejoint Aristote et d'autres sages de l'Antiquité orientale et occidentale), et que la pensée repose sur les définitions qu'on donne des mots.

Pour enseigner aux jeunes enfants à observer les choses dans leurs particularités, ces gens imaginent ce petit jeu : on tient dans la main fermée un certain nombre de petits objets, soit trois grains d'orge, une petite pièce de monnaie, un petit bouton couleur azur, un grain de café ou d'orge, trois autres boutons, etc., on ouvre un instant la main, puis, la refermant soudain, on interroge alors l'enfant sur ce qu'il a vu. Pour les plus grands, on use de jeux plus compliqués de sorte que chacun finit par savoir de quoi sont faits les souliers qu'il porte aux pieds ou le chapeau qui lui couvre la tête. On me dit aussi qu'à bien préciser le sens des mots, ces gens sont arrivés à si bien

---

1. J'avais d'abord écrit : « *Utopie, pays placide situé quatre-vingt ans à l'est de Fara Sabina.* » Mais par souci de clarté et de simplicité, j'ai modifié cette version comme on peut le voir. Pour la traduction anglaise, la première métaphore a été rétablie.

définir leur terminologie économique que les diverses iniquités de la Bourse et de la finance ont disparu de ce pays où personne n'est plus dupe de personne.

Ils attribuent leur prospérité à la simplicité de leur mode de perception des impôts ou, pour mieux dire, de cet unique impôt qui frappe la monnaie même. Sur chaque billet d'une valeur de cent unités, il leur faut appliquer un timbre de la valeur d'une unité le premier jour du mois. Le gouvernement payant ses dépenses avec une monnaie neuve, n'a plus besoin d'imposer d'autres taxes, et personne ne peut plus thésauriser une monnaie qui, passé cent mois, n'a plus aucune valeur.

Et voilà résolu le problème de sa circulation. L'argent ne pouvant ainsi bénéficier d'une durabilité supérieure à celle dont jouissent les pommes de terre, les récoltes ou les tissus, le peuple en est venu a une idée plus saine des valeurs de la vie. Il n'adore pas l'argent comme un dieu ni ne lèche les bottes des pansus de la Bourse et des syphilitiques du marché. Ces gens ne sont, bien sûr, ni menacés d'inflation monétaire, ni contraints de faire des guerres pour plaire aux usuriers. Du reste, cette profession ou activité criminelle n'a plus cours au pays de l'Utopie, comme n'ont aussi plus cours bon nombre d'activités bureaucratiques, si bien que nul n'est tenu de travailler plus de cinq heures par jour. Le commerce est soumis à peu de restrictions. Les commerçants échangent leurs lainages et soieries contre les arachides et le café de leur Afrique ; et leurs bovins sont si nombreux que le problème des engrais se résout de lui-même. Mais ils ont une loi très sévère qui exclut tout succédané de leur république.

Le peuple s'instruit en se jouant, et sans professeurs superflus. Ces gens prétendent que, s'il est impossible d'éliminer tous les livres idiots, il est du moins aisé d'en fournir l'antidote, et ce par une réglementation des plus simples. Tout libraire est forcé de tenir à disposition les meilleurs livres ; ceux d'une insigne valeur, il les doit exposer pendant quelques mois. Ainsi, la diffusion des meilleurs livres chasse peu à peu des salons de lecture les ordures de la *Nouvelle Revue Française* et autres sélections du *London Times*, comme les plus imbéciles d'entre les jeunes écervelés des deux sexes.

Ces gens prisent encore la dextérité dans les travaux agricoles, comme dans mon jeune âge j'admirais l'habileté des joueurs de tennis ou de football. De fait, ils rivalisent d'adresse à la charrue pour savoir qui d'entre eux peut le plus précisément tracer un sillon. Ce pourquoi je me suis senti trop vieux, me ressouvenant d'un jeune ami épris lui aussi de cette passion archaïque, qui m'écrivit de son premier arpent :

« On eût dit qu'un cochon était passé par là déracinant tout. »

Ayant reçu l'explication si simple de la félicité de ce peuple, je m'endormis sous les étoiles sabines, méditant sur les effets surprenants de ces modifications si insignifiantes en apparence, et m'émerveillant de la distance écoulée entre le monde du XIXe siècle et celui de la sérénité.

On lit sur le fronton de leur Capitole :

LE TRÉSOR D'UNE NATION
EST SON HONNÊTETÉ

Particularités du crime

Il est chimérique de s'ingénier à monter une machine si une partie est manquante ou qu'elle est défectueuse. Il importe avant tout d'en avoir toutes les pièces essentielles. Aussi, pour bien comprendre les origines de cette guerre, il y a lieu de savoir ceci :

En l'an 1694 fut fondée la Banque d'Angleterre, association de criminels qui pratiquaient l'usure au taux de 60 %. Paterson qui en fut le fondateur expliqua clairement l'avantage de sa découverte : la banque bénéficie de l'intérêt sur l'argent qu'elle crée de rien. En 1750 le papier-monnaie fut supprimé dans la colonie de Pennsylvanie. Ce qui signifiait qu'en l'espace de 56 ans, l'association des usuriers, non contente de son 60 %, soit l'intérêt sur l'argent tiré de rien, était devenue si puissante qu'elle avait pu déterminer le gouvernement anglais à supprimer *illégalement* une concurrence qui, grâce à un système monétaire sain, avait apporté la prospérité à la Pennsylvanie.

Vingt-six ans plus tard, en 1776, les colonies américaines se soulevaient contre l'Angleterre. Elles étaient treize corps séparés, minés du dedans, mais favorisés par leur géographie et la discorde des Européens. Elles eurent beau vaincre l'ennemie éternelle, l'Angleterre, leur révolution fut trahie depuis l'intérieur. Leurs difficultés pourraient servir d'encouragement aux Italiens d'aujourd'hui, et les problèmes de jadis suggérer des solutions à nos difficultés présentes.

Les imperfections du système électif américain émergèrent lors de la fraude commise par les députés qui spéculaient sur les *certificats de paie due* émis par chaque colonie à l'intention de ses vétérans.

Le truc en était simple et vieux comme le monde. Il consistait à varier la valeur de l'unité monétaire. Vingt-neuf députés de concert avec leurs amis achetèrent les certificats à 20 % de leur valeur nominale ; ensuite de quoi la nation, formant désormais une unité administrative, *assuma* la responsabilité de payer lesdits certificats au 100 % de leur valeur nominale.

La lutte entre la finance et le peuple se renouvela dans celle qui opposa Jefferson à Hamilton, et plus clairement encore quand Jackson et Van Buren eurent entre leurs mains les destinées du peuple. La décennie qui s'étend de 1830 à 1840 a quasi disparu des livres d'école. Il est pourtant intéressant d'étudier le rôle que jouèrent les facteurs économiques dans la guerre civile américaine. Après les guerres napoléoniennes, après celle de Sécession, après Versailles, les mêmes phénomènes se sont vérifiés.

L'usurocratie fait les guerres en série. Elle les fait selon un système préétabli, dans l'intention de créer des dettes.

Toute dette, créée en une monnaie qui vaut un quintal de blé, est remboursée dans une monnaie qui en vaut cinq ou plus. On parle, à cet effet, de dévaluation, d'inflation, de revalorisation, de déflation et de retour à l'or. C'est à ce dernier propos que Churchill, pour satisfaire aux impôts et autres intérêts, fit payer au paysan indien deux boisseaux de blé quand peu auparavant un seul y suffisait.

C. H. Douglas, Arthur Kitson, Montagu Webb nous fournissent les particularités du crime. Les États-Unis furent vendus aux Rothschild en 1863. Les Américains ont mis quatre-vingts ans pour découvrir des faits encore ignorés du public européen. Le père de Lindberg en dévoila quelques-uns au Congrès américain, plus tard recueillis par Overboiser dans son *History of Money in the U. S.*

Une lettre des Rothschild à la Maison Ikleheimer datée du 26 juin 1863 contient ces paroles incendiaires :

> « *Il y en aura peu qui pénétreront ce système, et ceux qui le comprendront s'emploieront à en jouir ; quant au public, peut-être ne comprendra-t-il jamais que ce système est contraire à ses intérêts.* »

Les jeux préférés de l'usurocratie sont assez simples, mais le terme de « monnaie » ne se trouve pas plus défini dans le manuel des Rothschild à l'usage des employés que dans le vocabulaire officiel : *Synonymes et homonymes de la terminologie bancaire.* Les jeux sont simples : récolter l'usure au taux de 60 % et plus, et varier la valeur de l'unité monétaire au moment jugé opportun par les usuriers.

L'ignorance

L'ignorance de ces jeux n'est pas un produit de la nature, mais l'effet d'un artifice. Le silence de la presse en Italie comme ailleurs l'a puissamment aidé.

Cette ignorance fut, en outre, patiemment élaborée. La véritable base du crédit était déjà connue des fondateurs du Monte dei Paschi di Siena, au début du XVIIe siècle.

Cette base était et reste toujours la même : l'abondance ou productivité de la nature jointe à la responsabilité de tout un peuple.

Les banques et les banquiers ont des fonctions utiles et virtuellement honnêtes. Qui fournit une mesure des prix sur le marché, et dans le même temps un moyen d'échange, est utile à son pays. Mais qui falsifie cette mesure et ce moyen d'échange est un scélérat.

Une saine politique bancaire tend et a naguère tendu, comme l'a dit lord Overstone (1), à « *satisfaire les vrais besoins du commerce et à escompter les seules traites représentant des affaires légitimes.* »

Mais à un certain moment, vers le début de ce siècle, Brooks Adams fut poussé à écrire :

> « Peut-être n'a-t-il jamais existé de financier plus capable que Samuel Loyd. Il comprit, comme il fut donné à peu de le comprendre, même dans les générations qui lui ont succédé, la puissante machine de « *l'étalon unique.* »

---

1. N.D.T. : Samuel Loyd

> *« Il comprit que si les trafics augmentent avec une monnaie inélastique (quantité inélastique de la circulation), la valeur de l'unité monétaire s'accroîtra. Il vit qu'avec des moyens suffisants sa classe pourrait manœuvrer une hausse à son gré, et qu'elle la pourrait sans doute manipuler quand elle adviendrait, tirant profit des échanges extérieurs. Il perçut de plus qu'une fois stabilisée une concentration de la circulation (fiduciaire), on la pourrait porter à l'extrême, et que, quand la monnaie aurait atteint un prix fantastique, comme en 1825, les débiteurs se verraient contraints d'abandonner leurs biens aux conditions, quelles qu'elles fussent, dictées par leurs créanciers. »*

Voici pourquoi la radio de Londres, en proclamant la libération de l'Europe et de l'Italie en particulier, ne répond jamais à la question :

Et la liberté de ne pas s'endetter, qu'en faites-vous ?

C'est aussi pourquoi Brooks Adams écrivit :

« Après Waterloo, aucune puissance n'a pu contrebalancer celle des usuriers. »

C'est pourquoi Mussolini fut, il y a vingt ans, condamné par le comité central de l'usurocratie. Voici pourquoi se font les guerres : pour créer des dettes qui seront payées, voire même impossible à rembourser, dans une monnaie surévaluée.

La guerre est le sabotage suprême. C'est la forme la plus atroce du sabotage. Pour dissimuler l'abondance existante ou virtuelle, les usuriers suscitent les guerres, et cela afin de créer la disette et la hausse des prix. Car il est plus difficile d'obtenir le monopole de matières qui abondent que de celles qui sont rares. Les usuriers déclenchent des guerres pour établir des monopoles à leur avantage, pour étrangler le monde et en obtenir le contrôle. Les usuriers provoquent des guerres pour créer des dettes dont ils jouissent seuls des intérêts, ainsi que des profits résultant des fluctuations de la valeur de l'unité monétaire.

Si ce que je dis là ne semble pas clair au lecteur néophyte, qu'il médite ces phrases prises du *Hazard Circular* de l'année 1862 :

> « *La grande dette que nos amis, les capitalistes d'Europe, susciteront par cette guerre sera employée à trafiquer la circulation monétaire. Nous ne pouvons permettre que les billets d'État (green-backs) circulent parce que nous n'en pouvons régler l'émission, etc. ...* »

De fait, après l'assassinat du président Lincoln, rien de sérieux ne fut tenté contre l'usurocratie jusqu'à la fondation de l'Axe Berlin-Rome. L'ambition italienne de se donner la liberté économique, qui n'est autre que celle de ne pas s'endetter, déchaîna sur elle les sanctions de sinistre mémoire.

Mais les grandes maisons d'édition d'Italie, plus ou moins complices du lâchage de la presse italienne, n'ont pas publié les auteurs comme Brooks Adams et Kitson qui dévoilent ces faits. La presse fut infidèle et les maisons d'édition en ont été, selon leur compétence, les complices plus ou moins conscientes. Car si la publication des faits ne peut triompher de la mauvaise foi, du moins peut-elle vaincre l'ignorance. Ces maisons d'édition reçurent leurs informations de sources empoisonnées, et prirent leur ton du *Times Literary Supplément*, ainsi que des volumes distribués par *Hachette* et *Smith and Son*, ou inspirés de la *Nouvelle Revue Française*.

Rien ou presque ne pénètre en Italie qui n'ait été sélectionné par les usuriers internationaux et leurs méchants et borgnes larbins. Il en résulte un snobisme et une ignorance créée.

Le néo-malthusianisme mérite examen. En Italie comme ailleurs les romans policiers divertirent leurs lecteurs du grand crime caché, le crime du système usurocratique même. Si pour les hommes d'action et les politiciens, la chose semble sans importance, il n'en est pas moins résulté un vaste imbroglio de résistance passive dans certaines classes, de celles qu'on dit « *lettrées* » ou « *cultivées* » et qui donnent la couleur à la matière imprimée. Ces gens lisent, puis ils écrivent, et le public en reçoit les ordures.

De ce lavage de cerveau vient cette *crédulité* qui rend la plupart du public sujette au mal anglais, qui la dispose à croire toutes les sornettes venues de Londres, et redistribuées gratuitement par les indigènes crédules.

Aux libéraux (qui ne sont pas tous des usuriers) nous demandons : pourquoi les usuriers sont-ils tous libéraux ?

A ceux qui réclament la dictature du prolétariat, nous demandons :

> *En vertu de quoi le prolétariat d'un pays doit-il imposer sa dictature au prolétariat d'un autre ?*

A ceux qui rejettent le concept d'autarcie sous prétexte qu'il en coûte trop, que le blé doit s'acheter là où il coûte le moins, je rappellerai que c'est justement l'importation du blé d'Égypte à vil prix qui, sous l'empire romain, ruina l'agriculture italienne. Mais si ce fait vous paraît trop éloigné de nous dans le temps, l'on peut tout de même remarquer que ceux qui parlent de cette sorte de libre commerce finissent par parler de l'exportation du « *travail* », soit l'exportation de la main-d'œuvre, d'êtres humains en échange de denrées.

Bon nombre de personnes commencent à comprendre que l'Angleterre, dans sa tentative sadique de détruire l'Italie, est en train de se détruire elle même. Mais l'origine de cette fureur échappe encore au public. Niez, s'il vous plaît, que l'homme purement et exclusivement économique n'existe pas ; l'analyse des motifs économiques, du moins, nous en fait-elle mieux comprendre l'avarice. La convoitise du monopole est un vice radical. Elle ressort dans l'erreur du prix juste, condamné par la doctrine économique de l'Eglise aux temps de sa plus grande gloire.

Il importe de comprendre qu'une certaine littérature, ainsi que tout le système journalistique contrôlé par l'usurocratie mondiale, ne tendent qu'à maintenir le public dans l'ignorance du système usurocratique et de ses mécanismes. Les circonstances de la trahison militaire nous sont connues, mais la trahison intellectuelle n'a pas encore été comprise.

L'ignorance de ce système et de ses ressorts cachés n'est pas un produit naturel ; elle fut créée. Le libéralisme et le bolchévisme se réunissent dans leur mépris fondamental de la personne humaine. Staline n'a-t-il pas fait commander 40 wagons de *matière humaine* pour mener à bien la construction d'un canal ? Et les libéraux, n'en viennent-ils point toujours à parler d'exportation de la main-d'œuvre ?

Le libéralisme dissimule son économie funeste sous deux prétextes : la liberté d'expression, parlée et imprimé, et celle de la personne garantie en théorie par la formule de l' « *habeas corpus.* » Demandez en Inde ou même en Angleterre si ces prétextes sont respectés. Interrogez n'importe quel journaliste américain sur ce qui lui est laissé de liberté d'expression par les *advertisers* (grandes firmes qui achètent les pages publicitaires des journaux américains).

Autres anecdotes bonnes à savoir :

1. Nous avons besoin d'un moyen d'échange et d'un moyen d'épargne, mais il n'est pas nécessaire que le même cumule les deux fonctions.
2. Il appartient à l'État de PRÊTER. La flotte qui vainquit à Salamine fut construite avec les deniers prêtés par l'État athénien aux armateurs.
3. Pour simplifier l'administration d'État ou privée, mieux vaut un mécanisme capable de fonctionner au niveau d'un simple guichet de bureau, soit d'État, soit privé.

***UNE NATION QUI REFUSE
DE S'ENDETTER ENRAGE LES USURIERS***

« Maîtrise-toi, alors les autres te supporteront
  Rabaisse ta vanité
Tu es un chien battu sous la grêle,
Une pie gonflée dans un soleil changeant,
Moitié noire moitié blanche
Et tu ne reconnais pas l'aile de la queue
Rabaisse ta vanité
  Que mesquines sont tes haines
Nourries dans l'erreur,
  Rabaisse ta vanité,
Prompt à détruire, sordide dans la charité,
Rabaisse ta vanité,
  Je dis rabaisse-la.

Mais d'avoir fait au lieu de ne pas faire
  Ce n'est pas là de la vanité
D'avoir, par décence, frappé à la porte
Pour qu'un Blunt ouvre
  D'avoir fait naître de l'air une tradition vivante
Ou d'un vieil œil malin la flamme insoumise
Ce n'est pas là de la vanité.
  Ici-bas toute l'erreur est de n'avoir rien accompli,
Toute l'erreur est, dans le doute, d'avoir tremblé. »

Les Cantos

(Canto LXXXI) — *Traduction en français par Denis Roche.*

Ezra Loomis Pound

Croquis Alan Marcus

LE PiVOT

Tout le commerce et toute l'industrie roulent sur la monnaie. L'argent en est le pivot. C'est le moyen terme. Il se tient entre l'industrie et les ouvriers. Je veux bien que l'homme purement économique n'existe pas, il n'en demeure pas moins un facteur économique qui entre dans le jeu de l'existence. A se payer de mots, l'on perd le *« ben dell'intelletto. »* (1)

C'est le commerce qui enrichit la Ligurie. C'est l'usure qui lui fit perdre la Corse. A perdre de vue ce qui distingue le commerce de l'usure, l'on perd le sens du processus historique. Ces derniers mois, on a semble-t-il commencé à parler d'une puissance internationale nommée finance, mais qu'il serait plus juste d'appeler « usurocratie » ou empire des grands usuriers assemblés et conjurés. Ce ne sont pas les marchands de canons, mais les trafiquants d'argent qui ont tiré cette guerre du néant, qui depuis des siècles et des siècles suscitent les guerres en série à plaisir, afin de créer des dettes des intérêts desquelles ils puissent jouir ; des dettes au cours bas de l'argent pour en demander le remboursement à un cours plus élevé.

Mais tant que le mot de monnaie n'est pas clairement défini et qu'une telle définition n'a pas pénétré l'esprit des peuples, ceux-ci entreront aveuglément en guerre sans en connaître la raison.

Cette guerre ne fut pas l'effet d'un caprice de Mussolini, non plus que de Hitler. C'est un chapitre d'une longue et sanglante tragédie qui commença avec la fondation de la Banque

---

1. Dante, *Inferno* III, 18

d'Angleterre dans la lointaine année 1694, avec l'intention déclarée dans le désormais célèbre prospectus de Paterson, où on lit :

> « *La banque tire profit de l'intérêt sur toute la monnaie qu'elle créée de rien.* »

Pour bien pénétrer cette proposition, il nous faut d'abord savoir ce que c'est que la monnaie. La monnaie n'est pas un instrument aussi simple, disons, qu'une bêche. C'est un instrument à deux tranchants : l'un évalue les prix sur le marché, l'autre donne le pouvoir d'acheter les marchandises.

C'est sur cette duplicité qu'ont joué les usuriers. Vous entendez bien qu'une horloge comprend deux principes : celui de la force motrice et celui de la balancière, engrenées l'une dans l'autre. Mais lorsqu'il vous est demandé ce qu'est l'argent, vous ne savez pas même ce que sont les billets de dix lires et les pièces de vingt centimes que vous avez en poche.

Jusqu'à ce qu'un empereur de la dynastie T'ang, au VIe siècle de notre ère, émît ses billets d'État (je dis d'État et non de banque), le monde dut utiliser, comme monnaie, une quantité déterminée de marchandises d'usage commun, sel ou or, selon le degré de sophistication par lui atteint. Mais depuis l'an 654 après Jésus-Christ, le métal ne fut plus nécessaire aux échanges entre gens civilisés. Le billet d'État des T'ang de l'an 856, encore conservé, porte une inscription toute pareille à celle que vous lisez sur vos billets de dix lires.

Le billet mesure le prix, non la valeur ; les prix sont calculés en unités monétaires.

Mais qui vous les fournit, ces billets ?

Qui ordonne leur mise en circulation, à ces bouts de papier ?

Avant cette guerre, qui contrôlait l'émission de la monnaie mondiale ?

Vous plaît-il de connaître les causes de la présente guerre ?

Tâchez de savoir par qui et comment fut contrôlée toute la monnaie du monde.

Je ne fais pour l'heure que vous répéter cette seule indication prise de l'histoire des États-Unis d'Amérique :

> La grande dette que nos amis (les capitalistes d'Europe) créeront avec cette guerre nous permettra de contrôler — entendez : dominer — la circulation de l'argent,
>
> *« Nous ne pouvons tolérer que les « greenbacks » (billets d'État) circulent, parce que nous n'en pouvons avoir le contrôle. »*

Ces lignes sont extraites du *Hazard Circular* de l'an 1862. Il m'apparaît qu'une situation analogue s'est présentée en 1939. Je dirai que l'Italie, n'ayant pas voulu s'endetter, enragea les grands usuriers. Pensez-y ! Et songez aussi à la nature de la monnaie même et à la coupable négligence des économistes quand nous venons leur demander ce que sont l'argent, le crédit, l'intérêt et l'usure.

Avant de disputer d'une politique, d'une réforme, d'une révolution monétaire, il nous faut bien nous pénétrer de la nature de la monnaie.

L'ennemi

L'ennemi, c'est l'ignorance (notre ignorance). Au début du XIXe siècle, John Adams (*pater patriæ*) s'aperçut que les erreurs et les défauts du gouvernement américain provenaient moins de la corruption du personnel politique que d'une ignorance de la monnaie, du crédit et de leur circulation. Nous n'avons pas bougé depuis. L'étude en est jugée trop aride par ceux qui n'en voient pas la portée. Vers la fin de décembre dernier, un banquier me représenta qu'à une époque dont il avait souvenir, le papier-monnaie italien valait plus que l'or. Je présume qu'en cet âge « d'or », les Rothschild voulaient acheter l'or à bon marché pour ensuite le faire monter jusqu'à des « cimes vertigineuses. »

C'est ainsi que les Sassoon et leurs compères ont profité de la baisse de l'argent. Ce métal qui descendit jusqu'à 23 cents (américains) l'once, fut acheté par des imbéciles (toujours américains) à 75 cents l'once, pour complaire à leurs patrons hébraïques.

« *Pour sauver l'Inde* », M. Churchill ne fit pas moins avec sa politique du retour à l'or. Pour satisfaire aux impôts et autres intérêts, ne fit-il pas, comme je l'ai dit, payer aux paysans de ce pays deux boisseaux de blé, quand peu auparavant un seul y suffisait ?

Aussi, pour combattre ces manœuvres du marché des métaux, devons-nous d'abord comprendre ce qu'est la monnaie. La monnaie, c'est aujourd'hui un '*disque de métal*' (pièces) ou une '*bande de papier*' (billet) qui sert de mesure aux prix. Elle confère, à qui la possède, le droit de recevoir en échange n'importe quelle marchandise correspondant au prix égal au chiffre indiqué sur les pièces ou billets, sans autre formalité que son transfert de main à main. C'est dire que la monnaie est chose autre qu'un *'bulletin spécial'* comme un billet de chemin de fer ou de théâtre.

Cette universalité de l'argent lui communique certains privilèges que n'a pas le *'bulletin spécial'*. Je reviendrai sur ces privilèges une autre fois.

Outre cette monnaie palpable, il existe une monnaie intangible appelée « *monnaie de compte* » qui sert aux opérations bancaires et de comptabilité. Cette insubstantialité de la monnaie ferait plus l'objet d'une étude du crédit que d'un traité sur la monnaie même.

Notre premier soin est d'éclaircir nos idées relatives à ce qu'on est convenu d'appeler la « *monnaie-travail* », et de préciser que l'argent ne peut être regardé comme un simple « *symbole du travail.* » Il peut être un *certificat du travail accompli* à condition que ce travail se fasse à l'intérieur d'un système défini. La validité de ce certificat dépendra donc de l'honnêteté du système et de la compétence de celui qui certifie. Encore faut-il que ce certificat indique un travail utile ou agréable à la communauté.

Un travail-non-déjà-effectué servirait plutôt de composante du crédit que de base à une monnaie bien comprise. Pour user d'une métaphore, on pourrait appeler le crédit : *'Le temps futur de l'argent'*.

On a mis à profit toute l'expérience thésaurisée par les hôtels de la monnaie pour garantir, dans les monnaies métalliques, à la fois la quantité et la qualité du métal. De non moindres précautions seront nécessaires pour garantir la quantité, la qualité et l'opportunité du travail qui servira de base à une nouvelle monnaie appelée *'monnaie-travail'*, ou *'monnaie-certificat-du-travail-accompli'*.

Les mêmes fraudes de comptabilité dont usaient jadis les usuriers pour duper le public dans le système métallique, seront, quel que soit le système monétaire adopté, tentées par les usuriers de demain contre la justice sociale, tant que la nature et les modalités de ces processus n'auront pas été clairement comprises du public, sinon d'une minorité avertie et efficace.

Un seul bourbier serait asséché par la création de la '*monnaie-travail*'. J'entends que les avantages du système fondé sur l'or, si vantés par les banquiers, ne profitent qu'à eux seuls, et encore pas à tous. La justice sociale exige les mêmes avantages pour tous.

La '*monnaie-travail*' tire son principal avantage du seul fait que le travail n'est pas monopolisable. De là cette opposition acharnée, cette rumeur naturelle ou artificielle qui s'élève des rangs des usuriers internationaux ou autochtones.

Cette idée que le travail peut servir de mesure des prix, déjà commune au XVIII siècle, fut clairement exposée par Benjamin Franklin.

Quant au monopole de la monnaie, si pourtant nul n'est assez simple pour abandonner son propre compte en banque à la discrétion d'autrui, des nations entières cependant, et de simples particuliers, des industriels et des « *hommes d'affaires* » se sont empressés de laisser le contrôle des monnaies, tant nationale que mondiale, aux mains des plus fétides rebuts de l'humanité, y compris les patrons de Churchill et les maquereaux de la clique roosevelto-baruchienne.

Le travail, lui, n'est pas monopolisable. Sa fonction de *mesure* commence à être comprise. Le public italien a eu l'occasion de lire de clairs exposés sur ce sujet, comme, par exemple, lorsque le « *régime fasciste* » nous conte que l'ouvrier russe doit payer de trois cent quatre-vingts heures de travail une redingote qui n'en coûte que quatre-vingts au tudesque.

Un écrit de Fernando Ritter dans le *Fascio* de Milan, en date du 7 janvier courant, nous parle de l'argent non pas en termes génériques et abstraits comme ceux de « *capital et finance* », mais en termes de grain et de fumier.

Sur la validité de la monnaie primitive ou traite écrite à même le cuir, C. H. Douglas a lâché cette phrase lapidaire :

> *« C'était au bon temps où l'homme qui émettait la traite, promettant un bœuf, possédait le bœuf. »*

Le certificat du travail accompli sera également valable quand l'utilité de ce travail aura été honnêtement estimée par des autorités compétentes. Rappelons ici que la terre n'a pas besoin de récompense en argent pour les richesses qui lui sont dérobées.

La nature, avec sa merveilleuse efficacité et son rythme solennel, veille à ce que se maintienne une égale circulation de ses richesses, et à ce que ce qui sort de son sein y retourne, et cela nonobstant l'ingérence humaine.

Toxicologie de la monnaie

La monnaie n'est pas un produit de la nature mais une invention de l'homme. C'est l'homme qui, faute de discernement, en a fait un instrument maléfique. Les nations ont oublié les différences entre les différents règnes, l'animal, le végétal et le minéral, ou plutôt c'est la finance qui leur a fait représenter ces trois règnes sous une seule espèce, négligeant de prendre en considération les conséquences d'un tel acte.

Le métal dure mais ne se reproduit pas. L'or semé ne se multiplie pas. Le végétal existe presque en lui-même, mais la culture en accroît la reproduction naturelle. L'animal fait ses échanges avec le monde végétal, fumier contre pâture.

L'homme fit des chaînes d'un métal dont le lustre le fascinait. Puis il inventa une chose contre nature et se fit une fausse représentation du monde minéral obéissant à la loi gouvernant les deux autres.

Le XIXe siècle, infâme siècle d'usure, alla plus loin en créant une espèce de messe noire de l'argent. Marx et Mill, nonobstant leurs superficielles différences, se rejoignirent pour attribuer à l'argent des propriétés quasi religieuses. On est allé jusqu'à parler de l'énergie « *concentrée dans l'argent* » comme de la divinité dans le pain consacré. Comme si une pièce de cinquante centimes avait jamais créé la cigarette ou la barre de chocolat qu'avant-guerre l'on tirait des machines automatiques !

Certes, la durabilité du métal lui confère certains avantages sur les tomates ou les pommes de terre. Il est loisible à qui le possède de laisser venir le moment propice pour l'échanger contre des biens plus périssables. De là viennent les premières spéculations de la part des détenteurs du métal, surtout de ces métaux rares et non sujets à la rouille.

Outre cette virtualité d'agir avec iniquité, que la monnaie métallique tire de son être même, l'homme, afin de favoriser l'usure, inventa un papier muni de coupons.

L'usure est un vice et un crime condamnés par toutes les religions et par tous les moralistes de l'Antiquité. C'est dans le *De Re Rustica* de Caton que nous trouvons ce fragment de dialogue :

> « — *Que dis-tu de l'usure ?*
> « — *Et toi, que penses-tu de l'assassinat ?* »

Et dans Shakespeare :

> « *Ton or, c'est peut-être tes brebis et tes moutons ?* »

Non ! Ce n'est pas dans l'argent qu'il faut chercher la racine du mal, mais dans l'avarice et la convoitise du monopole. *Captans annonam maledictus in plebe sit !* tonnait saint Ambroise : *monopolisateurs des récoltes, soyez maudits entre les peuples !*

Cette possibilité d'iniquité était déjà offerte aux détenteurs de l'or à l'aube de l'histoire. Mais ce que l'homme a fait, il le peut défaire. Il n'est que de créer une monnaie qui n'ait pas la vertu de sommeiller dans les coffres-forts jusqu'au moment favorable à celui qui la possède. Ainsi disparaîtront les possibilités d'étrangler le monde par le moyen d'une monnaie qui soit frappée ou imprimée.

L'idée n'est pas neuve. Déjà les évêques du Moyen Age émettaient une monnaie qu'ils immobilisaient à l'Hôtel de la Monnaie pour être refrappée au terme d'une période définie. L'Allemand Gesell et l'Italien Avigliano imaginèrent, presque en même temps, un moyen plus ingénieux encore d'arriver à une plus grande justice économique. Ils proposaient un papier-monnaie sur lequel on fut, au début de chaque mois, obligé d'afficher une marque d'un pour cent de la valeur nominale.

Ce système donna de si louables résultats dans des zones limitées qu'un peuple clairvoyant se doit de les méditer. Le moyen en est simple. Il ne passe pas l'entendement d'un paysan. Tous sont à même de coller un timbre-poste sur une enveloppe ou un timbre-quittance sur une note d'aubergiste.

Un avantage de cet impôt sur tous les autres (du point de vue humanitaire), c'est qu'il ne peut frapper que les personnes qui, au moment de l'incidence, ont en poche une somme d'argent cent fois supérieure à l'impôt même.

Il a aussi cet autre avantage de ne contrarier ni les opérations du commerce, ni celles de la fabrication. Il ne tombe que sur la monnaie superflue, celle que le détenteur n'a pas eu à dépenser au cours des mois précédents.

Comme remède à l'inflation, ses avantages doivent être immédiatement perçus. L'inflation est le résultat d'une surabondance et une superfluité de l'argent. Avec le système de Gesell, toute émission de billets se consomme en cent mois (huit ans et quatre mois), ou bien elle apporte au Trésor une somme égale à celle de l'émission originelle.

(Pour rendre la chose plus claire encore, imaginez un billet déposé pour cent mois dans un coffre-fort. Nous avons là une monnaie qui fait la grève, qui ne joue pas son rôle de moyen d'échange, qui n'accomplit pas sa destinée. Eh bien l'impôt sur ce sommeil paresseux égalera sa valeur nominale. Par contre, un billet qui passe de main en main peut, avant d'être taxé, servir chaque mois à des centaines de transactions.)

Les dépenses des divers bureaux qui, à cette heure, sont chargés d'imposer le public, pourraient se réduire au point de presque disparaître. Les employés ne se rendent pas au bureau de gaieté de cœur. On ferait mieux de les envoyer se promener.

Ils pourraient aussi élever le niveau culturel de leurs proches. Leurs traitements continueraient de leur être versés, sans qu'il en coûte le moindre boisseau de blé, ou litre de vin à la richesse matérielle de l'Italie. A qui les études ne conviennent pas, on donnerait l'occasion de produire quelque chose d'utile.

La grande erreur de l'économie dite libérale fut l'oubli de la différence entre ce qui se peut et ce qui ne se peut pas consommer. Un réalisme républicain attirerait l'attention du public sur cette réalité basilaire.

Un sombre idiot, Philip Gibbs, écrivant d'Italie aux anglo-assassins, ne comprend pas ce qu'on peut faire d'un produit qui ne se vend pas. L'idée de s'en servir ne semble pas entrer dans la psychologie bolchévico-libérale.

L'erreur

Faire de l'argent un dieu et l'idolâtrer fut l'erreur. Cette dénaturation tient à la fausse représentation que nous nous faisons de l'argent, lui attribuant un pouvoir qui ne lui revient pas.

L'or dure mais ne se multiplie pas, quand bien même vous assembleriez deux pièces d'or, l'une en forme de coq et l'autre de poule. Il est ridicule de parler de fruit à son endroit. L'or ne germe pas comme le blé. Une représentation qui lui attribue cette faculté est une fausse représentation.

Je le répète : nous avons besoin d'un moyen d'échange et d'un moyen d'épargne, mais il n'est pas nécessaire que le même serve à ces deux desseins. Il n'est pas nécessaire que le marteau serve d'alène.

Le timbre affiché au billet sert de balancier. Dans le système usurocratique, le monde a été submergé par les vagues alternées de l'inflation et de la déflation, de l'excès d'argent et de sa rareté. Tout le monde comprend la fonction du pendule et du balancier. Appliquons-en l'intelligence à la sphère monétaire.

Lorsque l'argent jouira d'un pouvoir ni trop grand, ni trop faible, alors nous approcherons d'un système économique sain. On ne sait plus distinguer le commerce de l'usure, la dette de la dette à intérêt. Naguère, en 1878, on parla de dette sans intérêt ; bien plus, d'une dette *nationale sans intérêt*. L'intérêt dont vous avez joui par le passé fut en grande partie illusoire. Il a fonctionné à brève échéance, vous laissant une somme d'argent supérieure à celle que vous aviez '*épargnée*', mais possédée dans une monnaie dont l'unité s'était dévaluée.

Dexter Kimball, ayant recensé les bons des compagnies ferroviaires américaines émis durant un demi-siècle, découvrit qu'un grand nombre de ces obligations fut annulé pour des causes contingentes. Si j'ai bonne mémoire, le chiffre atteignait 70 %. Il est juste que les industries et autres exploitations qui travaillent à accroître la production paient un intérêt.

Mais le monde ne sait plus distinguer le productif du corrosif.

Impardonnable sottise !

D'autant plus que cette distinction était bien marquée des premiers temps de l'histoire. C'est falsifier que de représenter ce qui est corrosif comme étant productif. Mais les simples idolâtrent toutes les fausses représentations. Bornez l'argent à ses justes limites, laissez-le reposer une durée correspondant à celle dont jouit le monde matériel, tirez parti de son juste avantage (qui est d'être échangeable contre toute marchandise à tout moment de son existence), mais ne lui attribuez pas, outre cet avantage, des pouvoirs qui ne correspondent ni à la justice, ni à la nature des marchandises représentées. On approcherait, de la sorte, de la justice sociale et de la santé économique.

Valeur militaire

Il ne peut y avoir de valeur militaire dans un climat de lâcheté intellectuelle.

Nul ne doit s'offusquer si la société refuse ses idées, mais c'est toujours une lâcheté intellectuelle que de ne pas oser formuler ses concepts sociaux, surtout en un temps chargé de promesses, et à une époque qui annonce la création d'un nouveau régime. Quiconque possède un talent pour l'histoire, et maîtrisant une documentation et des sources historiques incontestables, se doit de préciser ses idées touchant la partie du corps social que ses études lui donnent le droit d'analyser.

Pour imprégner les générations futures d'un tel esprit, on doit commencer dès l'école par l'observation des objets particuliers, puis progresser jusqu'à la connaissance de certains faits particuliers de l'Histoire. Il est superflu pour tout homme de posséder une connaissance encyclopédique de ces faits, mais il importe que tout homme exerçant une fonction publique ait connaissance des données essentielles du problème qu'il tente de résoudre. On commence par le jeu des objets exposés aux yeux de l'enfant, dans la main ouverte, puis subitement fermée...

La pensée repose sur la définition qu'on donne aux mots : témoins Confucius et Aristote. Je ferais terminer les études de tout universitaire par une comparaison (si brève fût-elle) entre les deux livres principaux d'Aristote, *l'Éthique à Nicomaque* et la *Politique*, et le *Tetrabiblon* chinois (soit les trois livres de la tradition confucéenne : le *Ta S'eu* ou l'*Étude Fondamentale*, l'*Axe qui ne vacille pas*, les *Conversations*, et le *Livre de Mencius*.)

Pour une éducation publique extra-universitaire, une simple réglementation des librairies y suffirait : que tout libraire fût tenu de vendre et parfois même d'exposer, pour quelques semaines, certains livres d'une importance capitale.

Celui qui pratique les grands maîtres de la pensée, et plus particulièrement Aristote, Confucius, Démosthène et le Tacite traduit par Davanzati (1), sera imperméable aux ordures. Quant à la monnaie même, il suffit que chacun médite pour soi le principe du balancier et les effets sociaux et nationaux qui s'ensuivraient de la seule apposition d'un timbre-quittance au bon endroit. Sur le billet de préférence à la note d'aubergiste.

On a parlé des « Chevaliers de Saint-Georges (2) » sans qu'on prît soin de les identifier. L'argent peut nuire, mais la connaissance économique est aussi grossière aujourd'hui que l'était jadis la médicale, quand on savait bien qu'une jambe cassée fait mal, mais qu'on ignorait les effets des microbes. C'est moins cet argent pour lequel s'est vendu un Badoglio (3) que l'effet caché de l'intérêt qui corrompt tout : non pas l'intérêt payé à un particulier sur son compte en banque, mais l'intérêt sur l'argent qui n'existe point — ce mirage de l'argent ; un intérêt qui s'élève à 60 % et même davantage, en comparaison de l'argent qui représente un travail honnête ou des produits utiles à l'humanité.

Je le répète : on a perdu le sens de la distinction entre le productif et le corrosif ; entre la division des fruits d'un travail fait en commun (soit un juste et vrai dividende appelé partage dans la langue médiévale) et l'intérêt corrosif qui ne représente aucun accroissement de la production utile et matérielle.

Il ne s'agit pas de faire de l'antisémitisme, mais de fouler aux pieds le système monétaire hébraïque au moyen duquel certains Juifs exercent leur épouvantable usure.

1. Bernardo Davanzati (1529-1606), célèbre traducteur de Tacite.
2. Surnom italien donné à leurs « *louis d'or* »
3. Le général Badoglio, vice-roi d'Éthiopie et représentant du parti royaliste, signa, après la chute de Mussolini, l'armistice avec les Alliés.

Le Travail et l'Usure

Nous engageons les Mazziniens à lire quelques pages des *Devoirs de l'Homme* touchant les banques.

L'Amérique de Roosevelt et les causes de la présente guerre

Les principaux faits réunis (1) dans cette brochure sont :
1. La suppression du papier-monnaie en Pennsylvanie (anno domini 1750)
2. La révolution américaine (1776) trahie à diverses reprises
3. La chute des États-Unis durant la guerre civile sous l'emprise de l'usurocratie internationale (vers 1863)

---

1. Ces faits doivent être compris relativement à la guerre 1939-1945.

> *« Les soixante Juifs qui ont commencé cette guerre devraient être expédiés à Sainte-Hélène par mesure prophylactique. »*
> *(Émission à la radio fasciste italienne, 30 avril 1942)*

INCIDENCE DE LA GUERRE SUR LE DÉROULEMENT DE L'HISTOIRE ET LA DESTINÉE DES RÉVOLUTIONS

Cette guerre ne fut pas le résultat d'un caprice de Mussolini ou de Hitler. Elle entre dans la guerre millénaire entre usuriers et paysans, entre l'usurocratie et tous ceux qui de leurs bras, qui de leur intellect, accomplissent un travail honnête. J'ignore combien il faut avoir lu de livres pour comprendre cette simple vérité, mais je sais que celui qui écrit l'histoire doit se fier davantage au choix des faits sélectionnés avec soin plutôt qu'à une multitude de données. Quelques pages d'un Georg Obst, qui s'attache à se faire clairement comprendre de son lecteur, en disent plus que toute l'Histoire de la Finance d'un D. R. Dewey qui a surtout cherché à faire un livre utile aux patrons de la ploutocratie.

Les rouages des processus historiques ont certes été compris à diverses époques, mais les révélations apportées par une minorité militant pour le bien public furent systématiquement enterrées et obscurcies. Mon grand-père disait ces mêmes choses déjà en 1878. Et les hommes n'ont pas davantage gardé en mémoire les travaux d'un Calhoun, d'un Jackson, et d'un Van Buren. Il y a quarante ans, Brooks Adams réunit des faits du plus haut intérêt, mais ses livres n'eurent qu'une faible diffusion et furent peu lus. Il confessait d'ailleurs, non sans ironie, qu'il ne sentait aucune vocation au martyre.

Il n'existe qu'une trentaine de livres environ, dont aucun n'est à présent en circulation, qui nous permettent de comprendre comment la révolution italienne perpétue la révolution américaine. Il m'a fallut sept ans de recherche pour obtenir *The Life and Works of John Adams*, dix volumes in-folio, publiés en 1851 par les soins de Charles Francis Adams, petit fils du Père de la Nation. Ces œuvres sont, du reste, en partie incompréhensibles pour qui ne possède pas déjà une certaine connaissance de l'économie, et plus encore des questions monétaires.

Qui comprend la cause ou les causes d'une guerre comprendra du même coup, celles de presque toutes les guerres. Mais leurs causes radicales et premières n'ont guère été divulguées. Les rouages du système bancaire sont absents des livres d'école. Les mystères de l'économie sont plus jalousement gardés que ne le furent jamais ceux d'Éleusis. Et la banque centrale de la Grèce se trouvait à Delphes.

Au XIXe siècle, le public dans son ensemble tendait à croire que l'économie politique avait été inventée par Adam Smith. Dans les universités anglaises l'on créa les *Regius Professorships* (chaires « royales ») afin de falsifier l'Histoire et infléchir l'opinion du côté Whig (1). En Angleterre, les souverains de la dynastie Tudor utilisaient déjà la phrase « *tuning the pulpits* » (2) et veillaient à ce que les évêques et les prédicateurs missent la religion au service de la politique.

Le fait cardinal de la Révolution américaine fut la suppression du papier-monnaie en Pennsylvanie et dans d'autres colonies pendant l'année 1750. Mais l'histoire enseignée aux États-Unis parle de choses plus pittoresques comme du thé jeté dans les eaux du port de Boston.

L'éthique naît avec l'agriculture. L'éthique des nomades ne va pas au-delà de la distinction entre ma brebis et la tienne.

---

1. C'est à dire du libéralisme.
2. Du mot *'régler'*, dans le sens d'accorder les chaires universitaires afin de leur faire tenir le discours attendu.

Si l'étude d'Aristote et de Démosthène a été quasi supprimée, du moins sciemment escamotée, c'est que certains auteurs classiques parlent un langage si clair qu'il déplaît à Messieurs les Grands Usuriers. La terminologie de l'activité financière a été jadis étudiée et exposée avec sérieux par Claudius Salmasius (*De mode Usurarum, De Foenore Trapezetico* Lugd. Bat, 1639, 1640). Mais même les encyclopédies qui mentionnent son nom ne font pas état des titres de ses livres.

Le principe et la base solide du crédit étaient déjà connus et proclamés par les fondateurs du Monte dei Paschi de Sienne au début du XVIIe siècle. C'étaient et c'est toujours l'abondance, ainsi que la capacité productive de la nature, liées et en adéquation avec la responsabilité de tout un peuple.

Je signale ces faits en apparence décousus pour signifier que les grands crimes ne proviennent ni de l'incurie d'une poignée d'hommes d'étude, ni de l'ignorance de toute l'humanité, mais de l'ignorance de la grande majorité.

La compréhension des sages a certes été consignée, mais les inscriptions disparaissent et les livres pourrissent. La publicité de l'usurocratie, telle une marée fangeuse, submerge l'esprit du public, et les mêmes iniquités, les mêmes monopoles, les mêmes rapaces réapparaissent enveloppant le monde sous leurs ailes immondes.

« *CAPTANS ANNONAM*

MALEDiCTUS IN PLEBE SiT »

Saint Ambroise frappait juste :

> « *Vous qui monopolisez les récoltes, soyez maudits, maudits entre les peuples !* »

L'histoire de l'usure commence à Babylone avec les prêts de semences, dès le troisième millénaire avant Jésus-Christ. La première mention que je sache d'une politique monétaire d'État est attestée dès la dynastie Shang (-1767 à -1122 avant Jésus-Christ). C'est alors que pour alléger la misère de son peuple, misère que ne faisaient qu'accroître ceux qui accumulaient et monopolisaient le blé durant une disette, un empereur de Chine fit ouvrir une mine de cuivre et fit battre des disques de métal percés d'un trou carré. Nous lisons aussi qu'il fit « *don* » aux affamés de ces pièces pour qu'ils puissent acheter du blé « *là où il s'en trouvait.* »

On ignore si cet empereur en eut l'idée le premier ou s'il se contenta de suivre l'exemple heureux d'un de ses un prédécesseurs. Mais il est clair qu'il comprit la nature, le but civique, ainsi que l'une des bornes de la puissance de l'argent. Une semblable sagesse refait jour dans le récent programme de la République fasciste : non pas les droits *de la* propriété, mais les droits *à la* propriété.

Les décrets de l'empereur Frédéric II de Sicile commençaient par « *Dieu éternel et la création du monde.* » Ce style médiéval ne laissait aucunement croire que les faits sociaux étaient et sont sans racines.

Aujourd'hui, l'ignorance, la mienne, la vôtre, l'ignorance du public, n'est pas un phénomène naturel. Par-delà l'ignorance naturelle, l'ignorance créée par certains intérêts embrasse l'horizon ; celle créée par la presse à la solde de cartels d'usuriers, et celle créée par des organisations de toute sorte luttant pour la conservation de leurs privilèges et de leurs monopoles.

L'événement pivot à retenir de l'histoire des États-Unis est la suppression du papier-monnaie dans les colonies, cinquante-six ans après la fondation de la banque privée, dite Banque d'Angleterre.

Entre autres définitions du mot *'banquier'* réunies par Obst, nous trouvons celle-ci :

> *Un banquier est un homme qui achète de l'argent et des dettes, créant de ce fait d'autres dettes.*

Un banquier, c'est celui qui emprunte de l'argent pour ensuite le reprêter à son avantage, soit à l'intérêt le plus élevé.

Le *'progrès'* de la rouerie usuraire enregistré depuis la fondation de ladite banque fut clairement exposé dans le *prospectus* de Paterson :

> *La banque bénéficie de l'intérêt sur l'argent qu'elle crée de rien.*

En somme, Paterson proposait de prêter non de l'argent mais des lettres de change, jouant sur la probabilité extrêmement faible qu'un petit nombre de déposants puisse retirer leur argent en même temps.

Le truc fit merveille. Mais les quakers de Pennsylvanie lui firent concurrence *pro bono pennsylvanico publico*. Ces derniers prêtaient leur papier-monnaie aux agriculteurs qui assainissaient leurs terres, jusqu'à concurrence d'une somme correspondant à la moitié de la valeur des terres. Les agriculteurs effectuaient le remboursement en dix versements mensuels.

La banque métropolitaine, tirant les ficelles du Gouvernement anglais, fit supprimer cette concurrence bénéfique qui avait apporté la prospérité aux colonies dès 1750.

Après quelques autres vexations, les colonies déclarèrent leur indépendance qu'elles acquirent grâce à leur situation géographique ainsi qu'aux troubles qui agitaient alors l'Europe.

L'empereur Tching Tang avait compris la fonction *distributive* de la monnaie. Aristote eut raison de dire que les grecs appelaient l'argent *numisma* car il n'était pas produit par la nature, mais par l'homme. L'argent est d'abord un instrument de la volonté de ses dirigeants ; volonté entravée soit par l'ignorance, soit par des volontés contraires. Il est juste de dire que l'homme purement économique n'existe pas si l'on entend, par là, qu'on ne saurait résoudre le problème économique sans tenir compte de la volonté humaine comme l'une de ses composantes.

Le but de tout monopole est de parvenir à vendre des biens monopolisés à un prix injustement haut, au mépris du prochain et du bien public.

Ces trente dernières années, les kiosques et les librairies ont exposé et vendu une foule d'ouvrages plus ou moins douteux, narrant les vicissitudes des divers monopoles, du pétrole, des métaux, etc. Mais le grand livre jaune* de l'argent ne s'est pas trouvé en leur compagnie.

En un sens Brooks Adams l'avait composé, quoique de manière peu accessible au grand public. Le cœur de son exposé se trouve dans ce paragraphe-ci :

> « *Peut-être ne s'est-il jamais rencontré de financier plus capable que Samuel Loyd. Il sut comprendre, comme peu le comprirent, même dans ceux qui lui succédèrent, la puissante machine de « l'étalon unique. » Il comprit qu'avec une monnaie inélastique (quantité inélastique de la circulation), la valeur de l'unité monétaire augmentera d'autant qu'augmenteront les trafics. Il vit qu'avec des moyens suffisants, sa classe pourrait manœuvrer une hausse à son gré, et qu'elle la pourrait sans doute manipuler quand elle adviendrait, tirant parti des échanges extérieurs. Il perçut aussi qu'une fois stabilisée une contraction de la circulation*

(fiduciaire), on la pourrait porter à l'extrême, et que, lorsque la monnaie aurait atteint un prix fantastique, comme ce fut le cas en 1825, les débiteurs se verraient forcés d'abandonner leurs biens aux termes, quels qu'ils fussent, dictés par leurs créanciers (1). »

C'est là le nœud de la question.

La révélation moderne du mécanisme usurocratique en était restée là lorsque Arthur Kitson fit son rapport à la *Mac Millan Commission*, illustrant la courbe des rapports entre dette et crédit après les guerres napoléoniennes, après la guerre civile aux États-Unis, et sur le monde d'après Versailles (Jugeons aujourd'hui de la propagande américaine pour le « *retour à l'or.* »)

Aristote fait quelque part allusion au monopole des pressoirs pratiqué par Thales, pour illustrer comment un philosophe pourrait mystifier ses semblables s'il ne trouvait un plus haut intérêt dans l'exercice de ses facultés mentales.

Le monopole de l'argent, ou la restriction de sa circulation, n'est rien d'autre qu'une forme plus élaborée du monopole de Thales. Les niais se prennent au piège. **Les guerres sont créées en série, délibérément, par les grands usuriers de la planète** : pour créer des disettes et des dettes dont ils jouissent des intérêts, pour hausser le prix de l'argent (soit celui des diverses unités monétaires contrôlées ou possédées par les usurocrates), pour changer, selon leur bon plaisir, les prix des unités monétaires, pour hausser et abaisser les prix des diverses denrées, et ce, avec une incurie absolue de la vie humaine et des trésors accumulés par une civilisation séculaire.

---

1. Brooks Adams, *The Law of Civilization and Decay*, New York, 1896. New York. *Vintage Books*, 1955.

Sur deux continents

Toutes les révolutions sont trahies.

Les vicissitudes qui jalonnent l'histoire de la jeune République-Unie de l'Amérique du Nord peuvent servir sur le mode mineur d'avertissement à la République italienne d'aujourd'hui, de même que toute connaissance *précise* de l'Histoire nous aide à élucider les processus historiques en période de crise.

La victoire des armées américaines, la reddition de Lord Cornwallis, et ce qui s'en suivit, ne mirent pas fin à la guerre séculaire entre le producteur et l'usurier qui se continuait, quoiqu'en sourdine, sans la moindre trêve.

Un des *pères de la République* trouva plaisante l'idée qu'une guerre pût jamais mettre fin à l'intérêt sur les dettes. Les opérations de patrouille le cédèrent à cette opération de grande envergure désormais connue sous le nom de *« scandale de l'assomption. »* La manœuvre fut toute classique. Les soldats de la Révolution furent payés par les colonies d'un papier-monnaie qui reconnaissait la dette de la colonie au vétéran. Ces *certificats de solde* due perdirent leur pouvoir d'achat, descendant jusqu'à 20 % de leur valeur nominale. Cent dollars de ces certificats n'en valaient plus que 20. C'est ce moment que choisirent 29 députés du Congrès national, de concert avec leurs amis, pour acheter un grand nombre de certificats.

Après ce coup d'éclat, la Nation, qui constituait désormais une unité exécutive, assuma la responsabilité de payer les certificats à leur valeur nominale, (Claude Bowers, jadis ambassadeur des États-Unis en Espagne, nous en conte les détails dans son *Jefferson and Hamilton*.)

L'ascendance d'Hamilton n'a jamais été retracée avec certitude. Sa faconde, son aisance à se mouvoir dans les salons l'apparentent à Disraeli. Jefferson qui s'opposait aux manœuvres d'Hamilton, accordait sa confiance au secrétaire d'État aux finances, Gallatin, d'origine suisse. Un certain préjugé s'étant manifesté à l'endroit de ce Gallatin, Jefferson soutint que son ministre était « *l'homme le plus capable de l'administration après le président* » (c'est-à-dire lui-même.)

Jefferson déclarait ne rien connaître à l'agriculture (disant avec respect : « *Mais M. Madison, lui, oui.* ») Il professait une égale ignorance de l'économie. Il soutenait que la banque était très utile grâce à l'ubiquité qu'elle conférait à la monnaie de Gallatin. Et de fait, elle la donnait, cette ubiquité. C'est même l'une des fonctions les plus utiles et les plus légitimes des banques que de conférer un caractère d'ubiquité au pouvoir d'achat. Mais pour modérer l'admiration démesurée du fonctionnement des processus usurocratiques déjà consacrés par l'usage, nous trouvons un John Adams s'écrier dans son vieil âge :

> « *Toute banque d'escompte est une irréductible iniquité (downright iniquity) qui vole le public au profit de certains particuliers. Mais si je couche cela sur mon testament, le peuple américain me croira mort fou.* »

Il y a quelque dix ans, j'eus raison de réduire à un opuscule de moins de trente lignes mon introduction à l'histoire des États-Unis, J'y montrais que Jefferson fut moins ignorant de la nature de la finance et de la monnaie que sa modestie l'eût voulu faire accroire.

Voici reproduits mes quatre chapitres :

Chapitre I

« *Toutes les perplexités, la confusion, la misère qui affligent l'Amérique ne viennent pas des défauts de sa Constitution ou de sa Confédération, ni du manque d'honneur ou de vertu de ses citoyens, mais de leur complète ignorance de la nature de l'argent, du crédit et de leur circulation.* » — *John Adams.*

Chapitre II

« *... et si les traites de la nation étaient (comme il se doit) gagée sur les impôts pour être remboursées dans un temps raisonnable et déterminé, et qu'elles fussent des nominatifs commodes à la circulation, aucun intérêt sur elles ne serait justifié, car elles répondraient alors à chacune des fonction remplies par la monnaie métallique, retirée et remplacée par ces mêmes lettres de change.* » — *Jefferson, lettre à Crawford a. D. 1816.*

Chapitre III

« *... qui offrait au peuple de cette République le plus grand bienfait qu'il ait jamais reçu : son propre papier (monnaie) pour payer ses propres dettes...* » — *Abraham Lincoln.*

Chapitre IV

« *Le Congrès aura le pouvoir :*
« *De battre la monnaie, d'en régler la valeur ainsi que celle des monnaies étrangères, et de déterminer les étalons de poids et de mesure.* »
Constitution des États-Unis. Art. I Législature. Section 8. PP/5. A la Convention, et avec le consentement unanime des États, 7 septembre 1787, et de l'Indépendance des XII États-Unis. En attestent signatures. — *George Washington, président et député de la Virginie.*

Observons que, de ces déclarations, seule la quatrième se trouvait dans une publication accessible à la grande majorité des citoyens de la désormais grande judéocratie. La quatrième déclaration et sa phase clef se trouvent loin du début, et les citoyens ont peine à y parvenir d'une première lecture. Disons tout de même que la Constitution est écrite dans un style peu ragoûtant pour le vulgaire. Depuis des années le Congrès n'a eu cure des pouvoirs et des droits qui lui sont assignés par ce Document. De temps en temps un énergumène du Nebraska ou du Dakota élève sa voix grossière pour réclamer un peu de cette liberté proclamée par les pères de la République. Mais la rumeur des presses rotatives a tôt fait de recouvrir son divertissement rustique. Instruit de la difficulté à trouver les *« quatre Chapitres »*, je demandai, un jour, au chef du département *'Histoire américaine'* à la Bibliothèque Nationale à Washington (*Congressional Library*) s'il existait une histoire américaine en un ou dix volumes qui contînt ces quatre chapitres ou tout au moins leur substance.

Il réfléchit un moment pour me répondre qu'à sa connaissance j'étais le premier à réunir les quatre signatures des plus grands présidents de la République. Lincoln fut assassiné après sa déclaration.

Le geste théâtral de l'assassin n'explique précisément pas comment, l'alerte donnée, il pût s'enfuir de la ville de Washington par la seule route qui n'était pas gardée, ni qu'il se perpétrât dans le même temps un attentat contre le secrétaire d'État Seward, et encore moins certaines particularités de cette ténébreuse affaire.

Du moins Lincoln s'était-il ouvertement déclaré contre l'usurocratie.

Reprises

Disons, pour mieux nous faire comprendre, que les époques suivantes composent l'histoire des États-Unis :
1. Epoque coloniale jusqu'à la suppression du papier-monnaie en 1750.
2. Préparation à la rupture avec l'Angleterre (1776). « *La Révolution* — écrivait J. Adams — *se prépara dans l'esprit des peuples durant les seize années qui précédèrent la bataille de Lexington.* »
3. Formation et organisation du nouvel ordre, culminant dans la lutte entre Hamilton (à la dévotion des banquiers) et Jefferson (tenant pour la « *Démocratie* »).

Reste à dire que Washington subit l'influence de Hamilton ; John Adams, second président, le fut pour quatre ans. Jefferson gouverna huit ans comme président, puis seize ans en qualité de conseiller de ses successeurs ; Madison, huit ans ; Monroe, huit ans. Ensuite de quoi le fils de J. Adams fut président pour quatre ans seulement, comme son père.

La quatrième époque se cristallise dans les douze années de pouvoir de Jackson (8 ans) et Van Buren (4 ans). Mais de la décennie 1830-1840 il ne paraît rien dans les livres d'école. Le public sait, et les écoliers en ont été instruits, que Jackson fit massacrer quelques Peaux-Rouges, qu'il chiquait du tabac et qu'il battit les Anglais à la Nouvelle-Orléans, après qu'un traité fut signé à Londres à son insu. Il importait toutefois aux États-Unis que le héros de la Nouvelle-Orléans remportât la victoire militaire, car nul n'est assez ingénu pour croire que Londres eût honoré le traité, si l'armée britannique l'avait emporté.

La véritable pierre menée par Jackson et Van Buren fut une guerre entre la banque et le peuple, gagnée pour le peuple par Jackson et Van Buren.

C'est ce qui explique le silence de « *l'Histoire* » et le peu d'estime accordée à Van Buren durant la décadence américaine, laquelle remonte à l'assassinat du président Lincoln.

L'usurocratie, défaite par les opérations de Jackson et de Van Buren, s'employa à obscurcir les esprits au sujet de l'esclavage des nègres appelé « *Chattel slavery*. » Les évènements dramatiques ainsi que les éléments sentimentaux au sujet de l'histoire de l'esclavage dépassent de beaucoup les faits à peine visibles de la lutte bancaire concomitante à cette affaire.

Dans les années d'avant la guerre civile, les plus intelligents d'entre les députés eurent parfois de ces traits qui illuminent les débats ténébreux du Congrès. Mais après la mort de Lincoln, on se mit à parler une langue moins claire. Les dettes du « *Sud* » à la Ville de New York tombèrent au second plan. Elles n'avaient plus valeur d'actualité (« *news value.* »)

L'usurocratie avait découvert que le système esclavagiste lui était moins profitable que le système dit *'libre.'* Le maître avait soin de garder son esclave en vie et, plus encore, en condition de travailler. Il lui en coûtait plus qu'à l'employeur, qui n'a, dans le système capitaliste, aucune responsabilité à l'égard de ses employés. La défaite des possesseurs d'esclaves était déjà déterminée, prédéterminée.

Civique et incivique

Les mots de '*conscience*' et d''*idéalisme*' n'ont peut-être jamais autant joué dans la préparation d'une guerre que dans celle-ci. Et les émotions qu'elle suscite dans l'opinion populaire ne relèvent bien sur pas de la logique mathématique ou monétaire. Certains groupements d'intérêts bancaires, par contre, ont su comment en tirer le meilleur parti, comme d'ailleurs de toutes les passions de la multitude.

Le but de la Guerre civile américaine fut révélé dans un numéro du *Hazard Circular* de 1862 :

> « *La grande dette que nos amis, les capitalistes d'Europe, susciteront par le moyen de cette guerre, nous servira à contrôler la circulation (monétaire). Nous ne pouvons permettre que les* greenbacks *(billets d'État) circulent, parce que nous n'en pouvons contrôler l'émission ni la circulation.* »

Une lettre de la Maison Rothschild de Londres à la Maison Ikleheimer, Morton et Vandergould de New York nous donne la mesure d'un système qui laissa à la '*finance*' ou usurocratie, alors concentrée à Londres, le contrôle de la monnaie nationale des États-Unis :

> « *Il y en a peu qui comprendront ce système et ceux qui le comprendront seront occupés à en jouir. Le public ? Comprendra-t-il jamais que ce système est contraire à ses intérêts ?* »

L'opinion des Sherman, et autres Rothschild fut des mieux fondées. Les protestations des députés de la minorité aux États-Unis et des énergumènes (« *cranks* ») d'ailleurs, n'eurent pas raison du pouvoir des usuriers, ni de celui de la presse usurocratique mondiale, la française, l'anglaise, l'italienne y comprises.

Le comte de Vergennes disait fort justement à John Adams que les journaux régentent le monde, et le petit-fils de J. Adams avait non moins raison d'écrire qu'après Waterloo aucune puissance ne balançait celle des usuriers (1).

La première tentative sérieuse, après celle de Lincoln, s'ébaucha avec la Révolution fasciste pour s'affirmer dans la formation de l'Axe Rome-Berlin.

Les *'livres de classe'* à l'usage des universités durant tout le siècle de l'usure (XIXe siècle) furent écrits pour maintenir l'empire de l'usure et les professeurs dans leurs prébendes. Un livre comme la *Financial History* de D. R. Dewey contient une foule de faits incontestables, mais omet les faits importants et révélateurs.

Ces faits cardinaux, ces pivots du problème, se trouvent dans des brochures non contrôlées ou dans des *'œuvres'* de fond dont la découverte requiert du lecteur une fière patience. Cent pages de lecture pour trois traits de lumière !

---

1. N.D.T. : Léopardi ne dit-il pas que les destinées du monde sont entre les mains des comptables ?

Conclusion

Déjà fini ! ? me dira mon lecteur ?

Il s'attend peut-être à ce que je m'étende davantage. J'hésite. J'ai, me semble-t-il, exposé les données nécessaires à la compréhension du problème : guerre, guerres en série. Je pourrais amonceler et commenter des détails sur plus de six cents pages.

En 1878, un député s'éleva, au Congrès à Washington, qui espérait « *retenir en circulation (comme capital roulant) une partie de la dette nationale sans intérêt.* »

Un lecteur sur cinq cents comprendra cette remarque. Je crois que le souvenir de cette « *plaisanterie* » fut conservé dans une coupure de journal de l'époque et dans les archives d'État au Capitole.

L'État *peut* prêter. La flotte qui vainquit à Salamine fut construite avec l'argent prêté par l'État aux armateurs.

Cette pratique des prêts d'État tomba en discrédit lorsque les empereurs romains de la Décadence permirent que des prêts fussent faits à des personnes indignes qui ne les remboursaient pas.

La sagesse réside bien plus dans l'affirmation des buts que dans les moyens à trouver de leur réalisation. L'affirmation du but étant posé, hissant la volonté, les moyens se trouvent aisément. Si le dessein sous-jacent est perfide, aucun moyen n'aura la vertu de remédier à sa perversion ni d'en réparer l'injustice.

On peut, par contre, observer que certains systèmes et mécanismes ont été conçus et réalisés à seule fin de duper le public et de ne pas lui divulguer certains faits historiques, comme la connaissance des moyens économiques et monétaires propres à la création et au maintien d'une véritable justice sociale. C'est contre cette pratique de l'obscurantisme qu'il faut livrer bataille sur le plan idéologique.

Ces derniers siècles, l'or a surtout servi aux banquiers d'instrument financier pour créer les disettes, dans une localité particulière ou dans une ou des nations stratégiquement déterminées ou pour saper leur influence politique déterminante ; la pénurie d'or étant elle-même la conséquence de telles manœuvres spéculatives orchestrées.

Mais en réalité, et depuis déjà longtemps, l'étalon d'or n'existe plus ; de fait seul subsiste un *étalon d'or feint*.

L'abandon d'une monnaie dite « *d'or* » ou d'une monnaie-papier, émise sur la base d'un rapport variable avec une quantité d'or réel ou fictif, pourrait augurer l'instauration d'une nouvelle monnaie émise sur une base « *travail* » et qui posséderait cet avantage que le travail n'est pas monopolisable. Cependant je suis persuadé que les mêmes astuces de comptabilité employées par les usuriers pour trafiquer les diverses monnaies usuelles seraient *reprises* par eux contre n'importe quelle autre monnaie.

A cet égard, les conservateurs ont raison de s'écrier :

« *Pas de magie monétaire !* »

Mais la chose essentielle, le fait du monopole ! c'est ce qu'il nous faut comprendre. Comprendre comment il a été pratiqué depuis l'an 1694 (date de la fondation de la Banque privée « *d'Angleterre* ») jusqu'à nos jours.

Il faut voir Napoléon et tant d'autres chefs d'État aux prises avec les mêmes pièges, les mêmes ruses de ces cartels d'usuriers.

L'histoire européenne de ces vingt-cinq dernières années est inconnue du peuple italien et, en particulier, des autorités et des économistes d'Italie et d'Allemagne. Un précis de l'infamie de la Ligue des Nations peut se trouver dans la Politique économique et sociale de l'Italie 1939-40 (d'O. Por).

L'exercice monopolistique de l'usure à l'échelle internationale (relire le chapitre précédent) fut tenté par Londres, puis Washington, réunis dans une forme délétère d'*'hébraïsation'* du monde (rappelons pourtant que l'usure et l'intérêt sont formellement condamnés par l'enseignement des prophètes d'Israël, exemples : Josh. 3,15 ; 4,18/1 *Chr.* 12,15/*Isa.* 8,7 ; 61,1-10 /*Dan.* 8,16/*Ex.* 22,25/*Neh.* 5,5,7/*Lev.* 25, 36,37/*Ps.* 15,5/*Pr.* 28,8/*Isa.* 24,2/*Jér.* 15,10/*Ezek.* 18,8,17... 13, 22, 12/...).

En 1863, la maison-mère se trouvait à Londres et la filiale à New York. C'est aujourd'hui le contraire. La maison principale est outre-Atlantique et sa succursale à Londres.

Le rôle de la France est connu de tout le monde. A partir du moment où Mussolini devina les rapports occultes institués entre les usuriers de New York et leurs instruments de Moscou, il fut condamné par l'usurocratie internationale. La chose est assez connue de Italie tout entière. Je n'ai ici cherché qu'à vous montrer le dessous de cartes.

La Révolution bolchevique fut une révolution simulée et trahie en partie.

Le bolchévisme s'était proposé de détruire le capital, au lieu de quoi il s'en prit à la propriété, et plus particulièrement à celle des paysans. L'attaque de Staline contre le capitalisme, dans ses *Bases du Léninisme*, mérite notre attention. Il comprend parfaitement les iniquités des Roosevelt, Churchill, Blum et autres. Mais le bolchévisme, en inondant les marchés extérieurs de denrées et produits à vil prix, est descendu jusqu'à la guerre commerciale.

Avec l'achat des actions Suez, il a sombré dans la guerre financière. Il est *profondément* allié au libéralisme en ce que les libéraux finissent toujours par parler de l'exportation de la main-d'œuvre, à savoir d'êtres humains en échange de denrées.

Staline ne commanda-t-il pas « *quarante wagons de matière humaine* » pour travailler sur un canal ?

La différence entre le bolchévisme et le libéralisme est superficielle, alors qu'une profonde perversion leur est commune à tous deux : tentacules d'un même monstre.

1. Les guerres sont faites pour créer des dettes.
2. La guerre est le sabotage suprême, de tous le plus atroce.
3. Une nation qui refuse de s'endetter enrage les usuriers.

Post-scriptum

Les détails de l'opposition italienne et allemande face à la conjuration usurocratique sont accessibles à tous.

Mais ce qui, en Italie surtout, manque aux gens d'affaire, aux grands industriels comme aux petits commerçants, c'est la connaissance approfondie du processus usuraire et des créations de dettes. Il existe également une grande méconnaissance des rapports entre le monde des affaires et de la gestion d'entreprises avec l'empire de l'usure à l'échelle mondiale. Ce système n'opère pas à brève échéance, sur des périodes de trois mois ou même de trois ans, mais il s'échelonne sur des siècles et des siècles, avec toujours le même but : le lucre

Le procédé en est toujours le même : créer des dettes pour jouir de leurs intérêts, et créer des monopoles afin de varier le prix de chaque chose, y compris celui des taux des monnaies étrangères.

Voici quelques sources auxquelles un homme d'études pourra assouvir une partie de la curiosité que cet opuscule aura, je l'espère, éveillée en lui :

Georg Obst : *Das Bankgeschäft*. C. E. Poeschel Verlag, Stuttgart, 1909

Aristote : *Politique*.

Claudius Salmasius : *De Modo Usurarum*. Elzevir. Lugd. Bat. 1639.

Claudius Salmasius : *De Foenere Trapezetico*. J. Maire. Lugd. Bat. 1640. *Histoire générale de la Chine*, traduite du Toung-Kien-Kang-Mou, par de Moyrac de Mailla, Paris 1777-1783. 12 volumes.

The Reorganisation of the Municipal Administration under the Antonines, T. L. Comparette. American Journal of Philology, vol. XXVII, n° 2.
Life and Work of John Adams, notes by Chas, Francis Adams, Little, Brown, Boston 1851, 10 volumes.
Writings of Thomas Jefferson. Mémorial édition. 20 volumes.
Martin Van Buren : *Autobiography* ; écrite en 1854, et restée manuscrite jusqu'à sa publication en 1920 dans l'*Annual Report of the American Historical Associations*.
Claude Bowers : *Jefferson and Hamilton*.
Willis Overholser : *History of Money in the US*.
O. Por : *Politica Sociale dell'Italia*, 1939-40.

Et pour une vue d'ensemble du processus historique :

Brooks Adams : *The Law of Civilisation and Decay*, 1897.
Brooks Adams : *The New Empire*, 1903, Macmillan. New York.
Arthur Kitson : *The Bankers Conspiracy*.

En ce qui concerne le processus historique en général et la question monétaire en particulier, je me suis appliqué, cette dernière décennie, à relier entre elles d'un côté, l'économie fasciste et canonique (catholique et médiévale) et de l'autre, les propositions de l'école du « *Social Crédit* » de C. H. Douglas et celle de Silvio Gesell appelée « *Ordinale Naturale* » ou encore « *Freiwirtschaft.* » Regardant cette dernière école, on doit observer que la mécanique, plus ou moins inventée par Gesell(1) peut se distinguer des vues plus ou moins politiques de son auteur.

C'est dire qu'elle pourrait fonctionner dans un système d'économie contrôlée, comme dans un système où règne une prétendue liberté du commerce.

---

1. Silvio Gesell 1862-1930, Réformiste allemand d'inspiration proudhonienne et réformateur monétaire, économiste admiré par Keynes, théoricien et initiateur d'une monnaie '*franche*' ou '*fondante*', dépréciable à intervalle fixe

Note

Pour toute étude traitant d'économie et analysant des processus historiques complexes, il nous faut adopter une terminologie précise et claire. Même un Obst qui a le souci de définir ses mots n'a pas complètement parachevé sa terminologie, ni établi à cet égard toutes les distinctions désirables. Une plus grande distinction entre moyen de paiement et moyen d'échange illuminerait les obscurités subjectives de certains auteurs.

En attendant, je suis reconnaissant à F. Kitter de nous parler de l'argent non en termes de *« finance »* ou d' *« économie »*, mais en termes de grain et de fumier.

Finale enfatico

J'espère que mon lecteur ne m'aura pas compris à demi-mot. Je voudrais, pour cela, inventer quelque stratagème typographique qui pût l'induire à suspendre sa lecture pour réfléchir, ne fût-ce que cinq minutes, sinon au moins cinq heures, et pour revenir sur les faits que je lui ai indiqués, afin d'en méditer toute la portée. Je voudrais enfin qu'il en fît un résumé et qu'il en tirât ses propres conclusions.

Au cas où j'aurais manqué de clarté, je reprends :

La phrase : « *Nous ne pouvons tolérer que les billets d'État circulent* » signifie que des particuliers sans responsabilité aucune envers la nation américaine purent contrôler la monnaie, contraignant le peuple à payer des amendes et impôts non officiels au profit de cette puissance cachée : l'usurocratie.

A la mort de Lincoln, la véritable puissance aux États-Unis passa des mains du gouvernement officiel dans celles des Rothschild et autres affidés de leur ténébreux consortium. Le système démocratique périt. Il est, depuis lors, dérisoire de parler des États-Unis comme d'une puissance autonome. Depuis quand n'est-il pas moins dérisoire de parler de l'Empire britannique comme d'un être autonome ?

On s'essouffle à parler de telle ou telle « *nation* » démocratique. **Le véritable gouvernement s'est tenu et se tient encore dans les coulisses.**

La nature du régime démocratique est la suivante : deux ou plusieurs partis à la solde de l'usurocratie s'affichent aux yeux du public. Par souci pratique, et pour apaiser la conscience des niais, on laisse aux bonnes gens, à l'idéaliste solitaire, le soin de faire un peu de travail honnête, aussi longtemps qu'ils ne percent pas les machinations des divers *rackets*. Les plus épouvantables *rackets* sont ceux du cartel de la finance, par le biais de combinaison de monopoles, contrôlant la création ou l'émission de la monnaie à l'intérieur d'une nation, de concert avec les différentes monnaies étrangères.

Lorsque se fait jour la possibilité d'abondance d'une ou de presque toutes les denrées, l'usurocratie ou consortium de l'usure déchaîne une guerre pour diminuer le pouvoir d'achat.

Avant 1920, C. H. Douglas signalait déjà cette abondance virtuelle. Le rapport de la *Loeb Commission* (*Report of the National Survey of Potential Product Capacity*, 1935, New York City Housing Authority) démontra le bien-fondé de la déclaration de Douglas.

Le péril de l'abondance fait déchaîner les guerres. Déjà, avant la première guerre mondiale, Anatole France dans *L'Île des Pingouins* avertissait ironiquement ses lecteurs du processus et du motif des guerres modernes.

> « *Sans doute, répondit l'interprète, ce sont des guerres industrielles. Les peuples qui n'ont ni commerce, ni industrie ne sont pas obligés de faire la guerre ; mais un peuple d'affaires est astreint à une politique de conquête. Le nombre de nos guerres augmente nécessairement avec notre activité productrice. Dès qu'une de nos industries ne trouve pas à écouler ses produits, il faut qu'une guerre lui ouvre de nouveaux débouchés. C'est ainsi que nous avons eu cette année une guerre de charbon, une guerre de cuivre, une guerre de coton. Dans la Troisième-Zélande, nous avons tué les deux tiers des habitants pour obliger le reste à nous acheter des parapluies et des bretelles.* »

Le livre d'A. France connut une grande diffusion vers l'année 1908, mais le monde manqua d'en tirer la leçon.

On ne peut faire entrer en seize pages l'histoire des États-Unis.

J'ai réuni quelques faits négligés d'histoires plus volumineuses, et sans la connaissance desquels mon lecteur aurait peine à comprendre le processus belliciste contemporain.

Une histoire des États-Unis, résumée certes mais adaptée aux besoins de tous, sinon des spécialistes, pourrait comprendre, outre cette brochure, *A New American History*, de W. E. Woodward, la brève *History of Money in the US*, de Overholser, ainsi qu'un extrait du *Jefferson and Hamilton*, de Claude Bowers. La raison de cette publication, à cette heure, est de marquer l'incidence de cette guerre-ci dans la série de celles provoquées par la même et sempiternelle agence : l'usurocratie ou congrégation de la haute finance.

Introduction
à la nature économique
des États-Unis

« Le capitalisme pue. »
(10 décembre 1943)

UN TiTRE

Ne cherchez pas ici une B*rève Histoire de l'Économie des États-Unis*. Depuis quarante ans je me suis appliqué à écrire non pas l'histoire des États-Unis, économique ou autre, mais un poème épique qui commence dans la *« selva oscura »* (1) et puis, traversant le purgatoire de l'erreur humaine, s'achève dans la lumière, *« fra i maestri di color che sanno »* (2). J'ai dû, à cette fin, comprendre la nature de cette erreur, mais je n'ai pas cru devoir retenir chaque erreur particulière.

Je ne crois pas que la méthode de l'historiographie ait beaucoup progressé depuis l'époque où Confucius colligeait les documents relatifs aux règnes antiques, dont il tirait ses conclusions dans son Testament. Aristote, à la fin de sa vie, était arrivé à une semblable méthode dans sa collection des constitutions des États. Voltaire choisit une méthode plus *'humaine'* qui repose sur le hasard et sur l'individu : un prince mange une pâtisserie et meurt d'indigestion dans un moment critique. César Borgia disait : *« J'avais tout prévu, hormis d'être alité le jour où mourut mon père. »* Michelet analysait les motivations des classes sociales, en disant que l'ouvrier veut tenir boutique parce qu'il lui semble que le boutiquier ne travaille pas. Une autre méthode consiste à analyser certains mécanismes imaginés pour circonvenir le public. Il faut

---

1. Citations de la *Divine Comédie* : *« forêt obscure »*
2. Citations de la *Divine Comédie* : *« parmi les maîtres de ceux qui savent »*

peut-être y voir la reprise d'une tendance aristotélicienne. Mais en tout cas, cette analyse s'applique à mon récit, et c'est elle que je conduis dans cet essai portant sur la nature de la lutte entre le peuple et les usuriers ou financiers, dans les colonies, puis dans les États-Unis d'Amérique du Nord.

Vers le milieu du XVIIIe siècle, poussés par leur désir de vivre leur liberté de conscience, endurcis par les épreuves, favorisés puis trahis tour à tour, ces colonisateurs connurent une certaine prospérité grâce à leur travail et à leur sage manière d'utiliser le papier-monnaie comme moyen d'échange. Ils se libérèrent, pour un temps, de l'emprise de la Banque d'Angleterre.

Les *settlers* ou colonisateurs de Pennsylvanie et d'autres colonies, irrités par la fuite de la monnaie métallique, comprirent que n'importe quel document pouvait servir à leur comptabilité ou comme certificat au porteur.

Aux agriculteurs nouvellement arrivés sur ces terres, il manquait le pouvoir d'achat nécessaire pour construire leurs maisons et acheter leurs charrues, et vivre tandis qu'ils défrichaient les forêts ou cultivaient leurs camps. Aussi les gouvernements des colonies se mirent à prêter au peuple le papier-monnaie utile à ces entreprises. La Pennsylvanie choisit la modalité la plus conforme à ses conditions d'existence. On prêtait aux agriculteurs jusqu'à une somme correspondant à la moitié de la valeur de leur exploitation. Le remboursement s'étendait sur dix ou douze ans. Le créancier, proche voisin de son débiteur, pouvait juger de la nature du prêt.

Mais cette arcadienne simplicité déplut fort aux monopolistes de Londres. La suppression de cette concurrence, de pair avec d'autres vexations, provoqua ce qui devint la « *Révolution* » de 1776.

Durant cette guerre, l'Angleterre attaqua le pouvoir d'achat des colonies en émettant du faux papier-monnaie en fac-similé des billets coloniaux.

La lucidité des chefs de la Révolution transparaît dans

divers mémoires et journaux de l'époque, notamment des écrits de John Adams qui fut entre autres choses représentant du Congrès en Europe et missionné pour organiser le crédit du nouvel État, et qui réussit à contracter le premier prêt avec la Hollande.

Il ressort de tout cela que l'expérience d'Adams ne fut ni abstraite, ni théorique. Fort de la capacité des Américains à produire des denrées, il déjoua tous les pièges que lui tendirent les Européens. Comparant la dette minime des États-Unis à celle bien plus considérable de l'Angleterre, il convainquit les banquiers hollandais de la solidité des garanties américaines.

Je le répète : ses notes ne sont ni abstraites ni théoriques. On y lit par exemple qu'il fut question de défrayer les dépenses de guerre par du tabac. Ses lettres intimes et transcriptions de conversations avec ses amis abondent d'idées concrètes ; ainsi la note *« nécessité de soutenir que ce papier est bon à quelque chose »* (*« keep up the idea that this paper is good for something »*) voulant dire qu'on peut échanger des billets contre des denrées.

Il avait compris que la marine dépendait moins des manœuvres d'une finance falsifiée que de la présence de fer, de pinèdes, de goudron.

C'est un peu plus tard que les banquiers révélèrent leurs projets : extension des crédits nets *'net funding'*, ou l'institution d'une dette publique. Adams exorcisa les terreurs de l'inflation parmi ses concitoyens en affirmant, par contre, que la diminution du pouvoir d'achat fonctionnait, elle, comme une taxe inégalement répartie sur tous, et qu'il s'agissait d'une taxe frappant ceux qui avaient un salaire fixe ou qui vivaient d'un revenu assuré. Il expliqua que cette diminution de pouvoir d'achat ne profiterait qu'aux hommes d'affaires, mais qu'une inflation régulée ne créé pas de dette publique *à intérêt*.

Il comprit que le crédit n'est autre que la supposition de Caïus : *Sempronius paiera*. Il comprit que la base solide du crédit des treize colonies, c'était leur capacité de travailler, comprise comme les possibilités considérables d'une production future, bornée non par la nature, la terre ou la végétation, mais par le nombre seul de leurs habitants.

Washington vit la possibilité d'une victoire et tint bon jusqu'à l'ultime effort militaire. Il vainquit non sans devoir à la persévérance, au bon sens, et à la diplomatie d'Adams.

L'Histoire, envisagée sous le seul point de vue d'une économie monétaire, est une lutte perpétuelle entre les producteurs et ceux qui tentent de vivre en s'interposant, à l'aide d'une comptabilité falsifiée, entre ces même producteurs et leur juste récompense.

La Banque d'Angleterre fut fondée sur cette trouvaille qu'au lieu de prêter de l'argent, il serait bien plus avantageux de prêter les lettres de change de ladite banque. Les financiers de Philadelphie, non tout à fait détachés de leurs amis d'outre-atlantique, découvrirent une opportunité de spéculation, et ces monopoleurs du denier public se jouèrent à nouveau de la crédulité du public.

Financiers et députés achetaient les lettres de chaque État, évaluées à 20 % du nominatif, que la nation se chargeait de payer à 100 %. Ce fut l'épisode des traites sur la solde due aux vétérans, et le notoire scandale de l'assomption.

L'Angleterre tentait pendant ce temps d'imposer diverses pratiques usuraires ainsi que diverses sanctions. Le manque de circonspection des grands propriétaires du Sud les amena à s'endetter. Le système esclavagiste s'avéra d'un moindre profit que le nouveau système industriel où le patron n'était pas tenu de veiller au bien-être de ses employés.

Remarquons toutefois que le concept mercantiliste fut, au début du XIXe siècle, d'une très haute pureté. Adams jugea peu *mercantile* de commercer avec un capital emprunté. L'individualisme jouissait alors d'une certaine probité, en ce qu'un revenu modeste mais assuré s'appelait *indépendance*.

L'Histoire comprise comme un véritable enseignement est moins une chronique des noms qu'une exposition de la nature authentique des événements, en tenant compte évidemment de la différence entre des certitudes attestées et des suppositions.

Quelques événements, ainsi, ne peuvent se connaître qu'après des siècles. Nous savons, par exemple, que Parisina d'Este encourut certaines dépenses qui lui furent défrayées par le Trésor de la ville de Ferrare (1), et nous pouvons aussi connaître la date précise du paiement imposé. Les motifs d'autres actions restent à jamais enfouis dans les ténèbres de l'âme des participants. Une lettre autographe, par exemple, n'atteste que ce que son auteur voulait faire croire à son destinataire, un tel jour. Mais la clarté d'un concept repose sur des faits *avérés*. De tels faits certifiés attestant bien des événements et des mobiles historiques d'une seule journée, élucident davantage le processus historique que de nombreux volumes.

---

1. Laura dite Parisina Malatesta, deuxième épouse du marquis d'Este Niccolo III de Ferrare (1393-1441), fut décapitée le 21 mai 1425 après la découverte de son adultère avec Ugo d'Este, le fils naturel de son mari. Sa vie inspira Byron (*Parisina*, 1816) et fut transposée dans l'opéra de Donizzetti (*Parisina*) crée en 1833.

Sources

La véritable histoire de l'économie des État-Unis se trouve, à mon sens, surtout dans la correspondance entre Adams et Jefferson, dans les écrits de Van Buren et dans les sentences relevées de la correspondance privée des pères de la République. Les données en sont toujours les mêmes : dettes, variations de la valeur des unités monétaires, tentatives et triomphes des pratiques usuraires dues au rétablissement d'un monopole ou d'un « *corner* (1) », une des pratiques usuraires tirées des valeurs boursières. Pour complaire à ceux qui aiment les jeux de hasard, la Bourse permet à Caïus de vendre à Sempronius ce qu'il ne possède pas, à condition qu'il parvienne à l'acheter et le lui remettre en un temps déterminé.

Plutôt que la corrida, les Américains ont choisi ce jeu de la spéculation, mais bien sûr, quand un groupe de financiers s'avise d'induire les niais à vendre plus qu'il n'existe ou même qu'il n'est disponible sur le marché, les derniers arrivés sont forcés de payer un prix excessif. En 1869, Gould, Fisk et compagnie parvinrent dans une manœuvre de ce genre à monopoliser pratiquement tout l'or dont disposait la ville de New York. Jim Fisk est un des modèles de Roosevelt.

Les spéculateurs se targuent de leur courage mais ce '*courage*', ou plutôt cette témérité, est tout autre que celui dont on fait montre à la *roulette* ou à d'autres jeux de hasard, car en

---

1. Assèchement des titres disponibles sur le marché pour les acheteurs, ce qui provoque une course au papier pour les acheteurs et peut donc induire une brusque montée du cours — la montée du cours n'étant qu'une conséquence du corner.

spéculant sur le blé ou d'autres denrées d'usage commun, les joueurs ne jouent pas à huis-clos, mais au contraire influent sur les prix, et c'est le peuple qui en devra payer les conséquences pour ses achats et nécessités.

La conscience civique des Américains ne s'est pas développée. Elle était, me semble-t-il, plus haute dans les commencements de la République, et les héros de ce temps-là nous ont laissé des œuvres témoignant de leur conscience morale qui n'ont pas leurs pareilles aujourd'hui.

Depuis la guerre de Sécession jusqu'à nos jours, l'histoire économique, je dirais presque « *l'histoire* » des États-Unis, consiste en une série de manœuvres des Bourses de New York et de Chicago : tentatives et créations de monopoles, de « *corners* », variations sur le marché du prix des actions des nouvelles industries, des moyens de transport. On commença par spéculer sur la valeur des terres. On provoquait pour ce faire, une inflation de leur valeur, sans se soucier des difficultés, voire de l'impossibilité de transporter les produits de terres éloignées vers les marchés de consommation. On finit par spéculer sur les valeurs ferroviaires.

Si c'est l'intérêt de l'ouvrier, du producteur ou du simple particulier d'avoir un prix stable et équitable, ce n'est du tout celui de l'agent de change :

« *Hell ! I don't want a still market. I can't make any money.* »
(*Je me moque bien d'un marché stable où je ne pourrais pas faire d'argent !*)

Tel un pêcheur patient, le courtier attend la hausse ou la baisse, fût-elle d'un quart ou d'un huitième pour cent, et voici ses cinquante ou cent dollars. Il attend l'occasion favorable (*a break*). Elle peut ne se présenter qu'une fois dans la vie et lui ouvrir les voies de la fortune.

Lors de la guerre de Sécession, le fameux Morgan acheta au Ministère de la guerre à Washington un grand nombre de fusils déclassés ; il les vendit à un commandement militaire du Texas dont il fut payé avant même d'être obligé de les rembourser au Ministère. Il en tira un profit de 75 000 dollars. Il fut ensuite condamné, mais n'en devint pas moins le grand Mahatma de Wall Street et une force politico-économique mondiale.

C'est de tels matériaux qu'est faite l'histoire des États-Unis, tant économique qu'humaine.

Trucs et illusions

L'affaire, ou procès Morgan, qui sera peut-être rangée parmi les hauts faits de la finance, aurait pu se produire en n'importe quel point du '*vieux monde*'. Mais la nouvelle terre américaine, quant à elle, se prêtait merveilleusement à toutes sortes de mystifications, combinées à de nouvelles conditions d'existence. Afin de bien cerner les constituants problématiques de cette mentalité américaine, de son développement voire de sa perversion, comme composants d'un processus historique, encore convient-il de classer ces diverses mystifications.

Citons un exemple : la concession de 190 000 km² accordée à la *Northern Pacific Railway*, en échange de la construction d'une voie de chemin de fer reliant les Grands Lacs au Pacifique, contenait une clause qui conférait aux constructeurs le droit de s'approprier tout le bois coupé durant les travaux. La route traversant des forêts vierges, les arbres étaient destinés à servir de traverses, mais la clause ne spécifiait pas la largeur de la voie à percer. La compagnie perça le plus légalement du monde une bande de terre large de deux miles. La terre et les forêts étaient propriété de la nation, mais aucun particulier ne se sentit lésé.

De semblables choses constituent le fond de l'humour américain. Ils en sont l'orgueil et la tradition. Certes, il en coûta de triompher du désert et de la forêt, mais par là, développait-on son adresse et affinait-on sa précision au tir au fusil. Un homme dans le Connecticut réussit à faire des imitations de noix de muscades en simple bois qu'il vendit à profit. La chose fit rire le continent. A l'Exposition de

Saint-Louis eut lieu un centenaire commémoratif de pareilles finesses. Les fausses noix de muscades se vendaient pour 5 cents. Ces souvenirs (1) venant à manquer, le mandataire, en vrai fils du Connecticut et *Yankee* pur sang, n'hésita pas un instant à mettre en vente de vraies noix muscades au même prix que les fausses, et le public, au fait de la chose, pouffa une nouvelle fois de rire.

Depuis l'époque de la fièvre de l'or en Californie, il y eut des hommes qui se spécialisèrent dans le troc de la '*brique d'or*', barre de plomb recouverte et ballastée d'or. Celui qui voulait la vendre pouvait aussi la percer au moyen d'un poinçon pour en démontrer l'homogénéité. Après la fièvre de l'or en Alaska, ce truc connut un succès sans précédent. A mon père, essayeur à l'Hôtel de la Monnaie, la foule des dupés venait apporter ses '*briques.*' C'était au temps de la libre monétisation de l'or et où chacun avait le droit de battre son propre métal. Aussi bien, depuis l'âge de cinq ans, je sais par expérience familiale, les mésaventures qui sont le partage des sots.

Je voudrais enfin distinguer deux sortes de malhonnêteté : celle qui, d'une part, est le fait des fraudes financières et de comptabilité truquée, et celle qui, d'autre part, découle d'opportunités factuelles matérielles, comme dans le cas de la *Northern Pacific*.

---

1. En français dans le texte.

Tradition

Les fraudes de comptabilité, les constitutions de monopoles et les trafics en tous genres étaient déjà connus des premiers temps de l'Histoire. C'est la raison pour laquelle les usuriers s'opposent tant aux études classiques. Aristote, dans sa *Politique* 1.4.5 nous montre Thales démontrant comment un philosophe pouvait, si l'envie l'en prenait, aisément satisfaire son goût du lucre. Prévoyant une bonne récolte d'olives, il louait pour un prix dérisoire payé à l'avance, tous les oliviers de l'île de Milet et de Chio. La saison de l'abondance venue, tous ont recours à Thales qui a le monopole.

Les machinations de la Bourse sont autant de variations sur le thème exposé par Aristote : disette artificieuse du blé ou de toute autre denrée, disette de la monnaie... clef de tous les autres échanges.

Proverbes et sagesse

La lutte entre les producteurs et les falsificateurs de comptabilité fut clairement comprise des pères de la République dont la sagesse ressort de ces traits acérés :

« Le plus sûr dépôt, ce sont les culottes du peuple » (entendez les poches).

« Toute banque d'escompte est foncièrement inique, qui vole le public au profit de certains particuliers. »

Un agent d'assurance demandait une fois à un banquier pourquoi les compagnies de chemins de fer — qui aux États-Unis, ne sont pas nationalisées — devaient avoir recours à lui, banquier, pour vendre leurs bons.

Et le banquier de murmurer avec une ironique tristesse ce simple monosyllabe :

« Chut ! »

Exposition

Pour comprendre le déroulement de l'histoire américaine ; il convient de considérer ces vagues migratoires successives :

1. Ceux qui émigrèrent poussés par l'esprit d'aventure, par conviction religieuse ou désir de vivre leur liberté de conscience, et qui se retrouvèrent aux prises avec une terre vierge et inculte.
2. Les esclaves.
3. Ceux qui sont arrivés à l'époque de la révolution industrielle.

La lutte des classes ne s'est pas posée en Amérique dans les mêmes termes qu'en Europe. C'est un problème récent et quasi exotique, en ce qu'il n'est pas inscrit dans la Constitution que lui ont donnée ses fondateurs. Prenons une famille *'exemplaire'*, disons les Wadsworth, deux frères qui s'établirent dans le Massachusetts en 1632.

En 1882, leurs descendants se réunissent pour publier leur généalogie. Dans les huit générations qui se sont succédé, nous trouvons des gens de toute confession, des pauvres comme des riches : l'un vit la couleur de son premier sou en vendant à seize ans ses cheveux pour un shilling, un autre arma durant la guerre de Sécession un navire à ses frais. Lors de cette commémoration les participants présentèrent la même diversité sociale. S'y trouvaient des membres du Stock Ex-change, des commis voyageurs, des médecins, un télégraphiste, un couple de petits vieux vivant de la charité de leurs parents.

Dans ces conditions, la lutte des classes n'a pas de sens, si grande que soit la distinction des richesses.

Les tendances coloniales

Les Pères de la République se révoltèrent contre les privilèges de la classe dirigeante anglaise, comme les cadets contre les privilèges du premier-né.

L'aversion populaire contre l'idée monarchique poursuivit Adams sa vie durant. Dès l'âge de dix sept ans il envisageait dans une lettre l'éventualité d'un règne américain capable de résister à n'importe quelle force européenne. La démagogie s'en saisit pour prétendre qu'Adams ne fut pas anti-monarchique, mais qu'il préférait la maison de Braintree (la sienne) à celle des Hanovre. Son père conduisait la charrue et la légende veut que son fils, le président J. Quincy Adams, ait attendu à la charrue les résultats d'une élection présidentielle (1). Du moins en était-il capable, ni n'était-ce la première fois qu'il le faisait.

Une comparaison de quelques cas particuliers nous fera davantage comprendre le déroulement de l'histoire économique américaine. Dans le mémorandum d'un de mes bisaïeuls, juge de paix dans l'État de New York, je lis que les amendes vont de 1 dollar 30 à 25 dollars et les dépenses du tribunal de 8 cents à 1 dollar 30.

Nous y lisons d'autre part que sa fille alla au moins une fois dans sa vie travailler dans une fabrique, qu'elle épousa un homme qui devint député, et qu'elle aidait à préparer la cuisine de ses quarante bûcherons. Lors de sa séparation, elle avait 100000 dollars en banque. Mais la banque fit faillite.

---

1. « Les empires naissent de la charrue, et disparaissent sous la charrue », *Itinéraire de Paris à Jérusalem* — F. R. de Chateaubriand.

Mon père, premier Blanc né dans cette partie du Wisconsin, eut pour nourrice un Peau-Rouge mâle. Il s'en fut inspecter des mines dans l'Idaho et obtint un poste dans l'administration des terres. Une certaine semaine, pour se chauffer, il fit couper un quintal de bois par un de ses amis, pour un dollar. Dix jours plus tard :

« Eh ! Giac, veux-tu me couper encore un peu de bois ? »

L'autre :

« Couper du bois ? Couper du bois ! Dis-moi un peu, Homère, veux-tu aller dans l'Est vendre une mine pour mon compte ? J'ai dix mille dollars en banque. Couper du bois ! »

En 1919, je rencontrai à Paris un doux vieillard, alors ambassadeur, que mon père se souvenait avoir vu trente cinq ans auparavant, sur le point de saisir son revolver pour venger son associé. Les distances américaines divergent des européennes et la statistique ne rend pas compte des nuances.

Vagues

Conviction religieuse, tendance anarchique, goût du risque, et puis la paresse !

La tragédie américaine est en quelque sorte la tragédie de la paresse. On voulait une main-d'œuvre qu'on se ruina à rassembler. Le sens de la justice céda à la paresse. La justice d'abord limitée aux Blancs fut ensuite limitée aux seuls patrons.

De l'Europe tout entière afflua un flux continuel de travailleurs. Le type national se forma non sur la base d'une race mais sur une similitude de goûts et de tempéraments. Les uns, poussés par l'appât du gain et du bien-être matériel, émigraient en Amérique. Les autres, d'une nature plus douce et plus contemplative, plus sensibles à la beauté des choses, plus attachés à la maison paternelle, restaient en Europe. Les forts, les inquiets, les mécontents, les *misfits*, ceux qui ne se reconnaissaient ni feu ni lieu, allèrent de l'avant. Les fils puînés des Anglais émigrèrent au XVIIe siècle, mais après 1800 l'émigration anglaise diminua.

Les puritains, bien qu'entichés du Livre Saint, n'étaient pas seulement porteurs des écritures hébraïques. La culture d'Adams et de Jefferson est une culture latine, mâtinée de grec. Otis écrivit une grammaire grecque qu'il détruisit, ou qui fut perdue faute d'un typographe compétent. A l'époque de la prospérité coloniale se développèrent les arts, l'orfèvrerie, le mobilier, l'architecture. Les constructions de bois blanc verni sont un rêve hellénique qui s'est évanoui dans les incendies. D'Allemagne affluèrent des groupes de religieux sectaires apportant avec eux l'art de la verrerie. Là où ils s'établirent, ils organisèrent un festival de musique de Bach. La maison de plaisance de Jefferson est pleine de raffinement. Le polygraphe rêvait d'une civilisation semblable à celle qui florissait à la cour d'un prince du Quattrocento, hormis son cérémonial. Il s'endetta.

Adams, plus frugal, cachait sa correspondance entre les tuiles de bois de la paroi de son cabinet de travail, sous le toit. Durant un siècle au moins, la Nouvelle-Angleterre fit sienne le slogan :

Low living, high thinking (Vivre simplement, penser noblement).

Mais l'usure gâta la République ; l'usure qui consiste à prêter le denier à un intérêt plus élevé qu'il n'est juste. Le mot de finance vint à la mode quand on se mit à prêter les lettres de change des banques au lieu de prêter de l'argent.

C'est ce à quoi Jefferson fit allusion dans la phrase :

Nul n'a le droit naturel de prêter de l'argent hormis celui qui a de quoi prêter.

Avec l'ère de la finance le mot d'usure disparut du langage courtois.

Il n'est pire sottise que d'abandonner son compte en banque, ou ses propres sources d'information, aux mains d'un ennemi, voire d'un irresponsable !

La lutte entre le peuple et les exploiteurs, en Amérique, dégénéra dans cette forme d'idiotie.

Un petit nombre de gens accoutumés à vivre de peu et à ne pas s'endetter émigra en Amérique, et y conserva une culture haute et sévère, ainsi qu'un sens civique nourri de la tradition de l'*habeas corpus* anglaise : conquête séculaire où convergent les traditions des peuples du nord de l'Europe et de droit romain.

La République commença avec l'instauration d'un suffrage limité qui fut, par amour de la justice et grâce au bon sens des populations, peu à peu étendu à ceux qui en avaient qualité. L'aristocratie de la '*frontière*' fut, par nécessité, une aristocratie physique. Les autres mouraient ou s'amollisaient. Mon aïeul pratiqua la lutte au corps à corps avec ses bûcherons par passion envers cette frontière, mais aussi pour conserver son prestige et discipliner son corps. Le président Lincoln fut le dernier chef de cette force issue de la République. Pendant deux siècles, la frontière requit toute l'audace du monde. Puis, le danger passé, vinrent ceux qui ne savaient plus endurer de telles souffrances, ou qui couraient simplement à leur perte.

Il semble que jusqu'à la guerre de Sécession le public s'intéressait aux débats du Congrès. Du moins le *Congressional Record*, où les noms des protagonistes sont consignés, pouvait-il nourrir un sens civique bien affirmé. Même aujourd'hui, il est encore possible de proclamer certaines vérités du sein même des Chambres, mais on préfère plutôt s'employer à y divertir le public.

L'histoire économique des États-Unis est en quelque sorte l'histoire d'énormes gâchis de non moins fabuleuses richesses naturelles. Ces gâchis se sont produits parce qu'aucun besoin immédiat d'épargne ne se faisait sentir qui, dans bien des cas, n'existait même pas.

La terre fut donnée à qui la voulait cultiver, sans qu'on songeât à protéger la nation ni le peuple du péril de sa revente. C'est souvent pour une bagatelle qu'elle fut revendue pour aller former les vastes domaines qui, pendant longtemps, et peut-être aujourd'hui encore, ne nuisirent à personne.

Le trésor d'une nation est sa probité

Les phases se suivent : Terre ouverte, Besoin de main-d'œuvre, Esclaves, Dettes, Main-d'œuvre *'libre'* en concurrence avec le système esclavagiste.

Au commencement le commerce se fit pour son propre compte, le plus souvent libre de dettes à l'égard de la finance, mais sous la surveillance directe de la part des armateurs.

Il était requis des directeurs du Muséum de Salem qu'ils eussent contourné le cap de Bonne-Espérance et le cap Horn. La construction des Clippers (voiliers rapides) fut voilà un siècle la gloire de la Nouvelle-Angleterre. Ces voiliers qui transportèrent les produits résultant des échanges avec l'Extrême-Orient et le monde entier firent la fortune de leurs armateurs. Jusqu'en 1860, l'histoire des États-Unis, et en particuliers leur histoire économique, est romancée. De cette époque date le culte des affaires, perpétuant la tradition italique de Gênes la Superbe.

Avant, les affaires économiques n'étaient pas si sordides. L'usure est un chancre, et la finance une maladie.

Paterson qui inventa le système de la Banque d'Angleterre, c'est-à-dire le prêt des lettres de change, mourut pauvre, chassé par ses premiers associés. L'or de la Californie fut découvert sur les terres d'un homme qui n'en profita pas, et qui, protégé d'aucune loi, vit son exploitation agricole ruinée.

La tragédie américaine est une perpétuelle histoire de gaspillages, gaspillage de la richesse naturelle d'abord, puis de cette nouvelle abondance offerte par la machine qui multiplie le pouvoir créateur de l'homme.

Les Américains imprévoyants massacrèrent les bisons sans songer à les élever, et déboisèrent les forêts sans se soucier de leur conservation. Ces funestes entreprises n'eurent pas de portée immédiate sur la prospérité des habitants. Partout c'était l'abondance naturelle. Les usuriers appelés jusque-là *'financiers'* conspirèrent contre l'abondance. Pour saisir l'incidence du système américain sur l'Histoire, il faut remonter jusqu'au monopole de Thales, puis reprendre le fil jusqu'à ce qu'il est convenu d'appeler la Réforme ou schisme protestant, envisagée d'un point de vue économique. On refusa de payer les impôts ecclésiastiques à Rome : on ne voulut plus payer les prêtres pour les cérémonies religieuses. On trouva dans la Bible un succédané du prêtre. La prohibition canonique de l'usure n'eut plus cours. La bonne société ne la voyait plus avec les yeux de Dante qui plongeait, pêle-mêle, usuriers et sodomites dans le même cercle infernal, pour crimes contre nature.

L'économie catholique avait proclamé la doctrine du juste prix. Le monopole est une manœuvre dirigée contre ce juste prix.

Pour établir un monopole, il faut qu'il y ait disette de quelque chose. Pour spéculer, il faut que le marché oscille.

En Amérique, les patrons cherchaient à avoir des travailleurs au meilleur marché. Aussi, pour se défendre, les ouvriers sollicitèrent-ils le droit de vote. Le peuple triompha de la banque entre 1830 et 1840. Mais la qualité et la conscience politique de cet électorat, que les forces au service de la démagogie s'employaient à corrompre, s'appauvrit sous l'effet des nouvelles vagues de main-d'œuvre venue d'Europe, et déclina graduellement. La presse, surtout, mystifia le peuple et le divertit de la nature des problèmes économiques.

Vers la fin du XVIIIe siècle, la République se révolta contre les privilèges dues à la *'naissance'* et le mouvement démocratique tout entier se souleva contre les monopoles des corporations et des métiers qui étaient, en un certain sens, des monopoles d'opportunité liée au travail.

D'où la phrase historique d'Adam Smith :

> « *Les hommes d'un même métier ne se réunissent jamais sans conspirer contre les simples particuliers.* »

Mais du moins ces monopoles imposés par les corporations, avec leurs échelons de sanctions et de restrictions, n'étaient-ils que des pôles de producteurs, tandis que ces monopole qui culminent avec celui de l'argent, clef de tous les autres, étaient et sont toujours le fait d exploiteurs.

La situation se complique quand le même homme a la mainmise sur la production et la finance, comme les scélérats financiers d'aujourd'hui. Ford lui-même s'est trouvé contraint d'exercer un tel monopole pour se défendre contre Wall Street.

Les précédents européens, peu connus des Européens eux-mêmes, nous font mieux comprendre le développement des idées économiques en Amérique. Il n'y a, pour autant que je sache, plus trace des réformes léopoldines (1) mais l'analogie persiste. Je m'assure que le mouvement qui fit se relâcher les liens trop serrés par les métiers et corporations fut le même en Toscane que dans les colonies américaines. Le retour vers une économie contrôlée, en Toscane, fut empêché par les guerres napoléoniennes, et pendant longtemps on n'en parla plus en Europe.

---

1. Grand Duc de Toscane, Léopold II fut l'instigateur de réformes audacieuses pour l'époque qui contribuèrent à réformer l'administration publique et les finances. Outre l'abolition de la peine capitale, il institua l'abolition des corporations qui remontaient au Moyen Âge et qui étaient le principal obstacle au progrès économique et social dans les activités industrielle. Il introduisit ensuite un nouveau tarif douanier en 1781, sur la base duquel furent abolies toutes les interdictions absolues, auquel on substitua des tarifs douaniers, à un niveau beaucoup plus bas d'ailleurs que ceux qui étaient alors en vigueur.

En Amérique, à ma connaissance, il n'y en eut aucun écho.

John Quincy Adams, dans sa solitaire excentricité, soutint une doctrine étatiste qui voulait conserver les terres nationales au titre de propriété de la nation.

À la romance du *voilier des prairies* (le fourgon couvert des colons) fait pendant la colonisation de l'Afrique par l'Italie. Toute cette émigration ressembla à ce que l'Italie commença à faire sur la Quatrième Rive (1), si ce n'est qu'elle fut faite sans l'aide de l'État, hors du droit naturel à une certaine extension, ni sans véritable anticipation.

L'abondance naturelle existait. Elle fut gaspillée. Il se peut aujourd'hui qu'entre les rares mérites de F. D. Roosevelt, se trouve une vague idée de reboisement. Mais l'on s'effraie de l'érosion des terres de l'Ouest.

---

1. La Quatrième Rive, c'est-à-dire la Lybie.

Banques

La rouerie bancaire n'a jamais varié. Toute abondance lui sert à créer un sentiment artificiel d'optimisme que la propagande à son service va s'employer à exagérer. Les ventes augmentent, les prix des terres ou des actions excèdent la possibilité du revenu matériel, et les banques qui ont favorisé des prix exagérés, et qui manœuvrent la hausse, n'ont plus qu'à restreindre et réclamer leurs prêts. C'est la panique.

Vers la fin de la première guerre mondiale, C. H. Douglas insista sur l'opportunité de l'abondance, de l'abondance virtuelle, comme de l'abondance monétaire, et réclama des dividendes nationaux, c'est-à-dire une distribution d'argent sous forme d'allocations individuelles ou familiales, qui permît au peuple d'acheter ce que ledit peuple était en train de produire (1).

La chose fut naturellement jugée insensée. Le *Times* et d'autres journaux à la dévotion de la finance s'opposèrent à une telle doctrine.

---

1. N.D.T. : Selon les idées de Clifford Hugh Douglas, chaque citoyen peut recevoir chaque année un total de monnaie créée, proportionnel à la croissance des biens et services, et inversement proportionnel au nombre de citoyens de la zone monétaire. Le nom « *crédit social* » dérive de son désir de réaliser un système monétaire œuvrant à l'amélioration de la société. Il a depuis été soutenu par nombre d'économistes dont le prix 'Nobel' d'économie Maurice Allais. Sa solution consiste en trois revendications principales :
 1) Qu'un « *Bureau de crédit national* » calcule sur une base statistique le nombre de crédits qui doit circuler dans l'économie ;
 2) Un mécanisme d'ajustement de prix qui reflète le vrai coût de la production ;
 3) Qu'un « *dividende national* » donne un revenu de base garanti à tous sans tenir compte du fait qu'ils aient ou non un emploi.

La justesse des vues du Major Douglas fut pourtant confirmée par le Loeb Heport (*Report of the National Survey of Potential Product Capacity*, New York City Housing Authority, 1935), dans des termes et statistiques que nul n'a cru devoir contester. Avant d'entrer dans cette guerre, chaque famille de quatre personnes aux États-Unis eût pu jouir d'un niveau de vie de 4000 à 5 000 dollars par année. L'iniquité seule, pour ne pas dire la seule sottise du système monétaire et financier, ne permit pas la réalisation de ce bien être matériel.

Aussi pour empêcher l'utilisation de cette abondance, une guerre fut-elle jugée nécessaire. Faute de disette, on ne peut établir un prix injuste par le moyen d'un monopole.

Le denier américain ne fut pas socialisé. Depuis quatre-vingts ans il n'était plus démocratisé, comme Lincoln l'avait fait pour un temps ; comme l'avait aussi fait Jackson, qui réussit même à extirper la dette nationale.

En 1939, le peuple américain n'avait pas tiré la leçon essentielle de l'histoire de son pays, pas plus que de l'histoire économique mondiale :

> *Il est sot d'abandonner le portefeuille de la nation aux mains de particuliers irresponsables, voire d'étrangers.*
>
> *Il est également sot de livrer les sources d'information du pays aux mains de particuliers irresponsables ou même étrangers.*

L'amour effréné du lucre précipite à la ruine le peuple qui en est la victime, défaisant la nuit l'œuvre du jour.

En Amérique, les exploiteurs d'aujourd'hui veulent vendre des quadrimoteurs qu'ils refusent de laisser voler en Amérique, afin de congestionner le marché du travail. C'est une manie, une manie néfaste.

L'homme n'est plus même réduit à un tube digestif, mais à un réceptacle de monnaie qui va se dévaluant ! Le cycle dure depuis trois siècles : depuis l'arrivée des *pèlerins* qui sollicitaient la liberté du culte, jusqu'au culte du lucre. Cette histoire économique est l'histoire d'une décadence spirituelle dont une partie est technique, monétaire et financière.

Le dessein de la finance est de tirer profit du labeur d'autrui. Ces quarante dernières années, son but fut de retenir entre les mains d'une classe privilégiée tout le profit résultant des inventions mécaniques, et de réduire au plus bas la récompense des travailleurs. Cette opération fut entreprise grâce au moyen de la libre concurrence au sein d'un marché ouvert.

À présent que la guerre est terminée, il n'est plus besoin de travailler comme par le passé. Voilà un siècle que Van Buren s'employait à borner à dix heures la journée de travail. La réduirait-on maintenant à quatre que tous auraient l'occasion de travailler. L'humanité dans son ensemble, et la classe laborieuse en particulier, n'est pas paresseuse. L'appel à la paresse n'ébranle pas la masse.

L'artiste, et encore pas tous, a seul depuis des siècles, su dissocier l'idée du travail de celle du lucre.

Pour ce qui est de la technique financière, je ne sais si je dois me contenter de recueillir des citations longues ou brèves. Si les premières font pousser la barbe, les secondes pourraient être incompréhensibles.

Van Buren s'était opposé à l'emprisonnement pour dettes. Les manœuvres de la finance s'inscrivent dans les sentences suivantes :

> *« Le chiffre des escomptes augmenta... En octobre 1830, il était de 40 millions ; en mai 1837, de 70 millions. »*

M. Webster disait :

> *« Il faut le diminuer de 30 millions dans les États qui longent le Mississipi.. »*

La Banque reçut 341 millions, et 6 millions du Gouvernement. Sous le contrôle du président Jackson, les fonds atteignaient un chiffre de 15 à 20 mille. (Sous Jackson, on parlait de milliers, non de millions.)

> *« ... utilisant les procédés de la banque pour bouleverser le crédit à l'intérieur du pays, créant la panique pour assujettir l'opinion publique. »* ... « *des membres du Gouvernement exclus du*

véritable comité directeur de la banque. »... « Le président de la banque, trafiquant les fonds du Gouvernement pour trahir la nation. »... « en versant de l'huile sur la presse, en faisant des prêts nominaux sur des garants inexistants. »... « La banque réduisit de 17 millions les 64 millions du crédit. »

« *Si M. Taney* (du Trésor) *n'avait pas empêché cette succursale* (de la Banque de New York), *de rassembler 8.700.000 dollars, et qu'il n'eût pas armé notre ville de 9 millions pour nous défendre* (entendez la nation) *dans cette guerre contre notre commerce.* »

Van Buren eut l'éphémère honneur d'être surnommé *Fisci Liberator* (1), mais la décennie 1830-1840 qu'il illustra s'est effacée de la mémoire des Américains.

Après l'assassinat de Lincoln, le président Jackson n'eut pas les moyens de maintenir la liberté fiscale. En 1878 un député développa sa doctrine en disant qu'il voulait retenir comme capital roulant au moins une partie de la dette nationale *sans intérêt*.

Le mouvement *Libre argent* (*Free Silver*), destiné à contrarier les intérêts des propriétaires de mines d'argent qui avaient des intérêts dans l'or, ne toucha pas le fond du problème. W. J. Bryan dirigea ce mouvement qui s'est perpétué jusqu'à nos jours en s'affaiblissant peu à peu. Il arrive cependant encore qu'un idéaliste fasse sa cour aux « *argentistes* » et soit lancé par eux dans la carrière politique. Ces gens confessent la vérité en privé, comme Bryan la confessa à Kitson, mais je ne me souviens pas si Kitson a publié les circonstances de l'entrevue ou s'il n'a fait que les communiquer par lettre au soussigné. Je crois pourtant les avoir bien lues imprimées.

Bryan qui entendait continuer une tradition honnête, combattit farouchement et se servit de tous les moyens dont il disposait

---

1. Libérateur du fisc.

Un schéma chronologique

La chronologie des événements économiques en Amérique est grossièrement la suivante :

1620~1750 – Commencement et développement de la prospérité coloniale fondée sur un système de prêts par plusieurs Gouvernements des colonies à ceux qui cultivaient la terre. Cette prospérité excita la convoitise des cartels et monopoleurs de Londres qui cherchaient à établir leur monopole monétaire.

1750~1776~1788 – Préparation de la Révolution, formation du système américain.

1789 – Washington président : Hamilton, conservateur et agent de la finance, s'oppose à la démocratisation de Jefferson ; Fraude de l'« *assomption.* »

1801~1825 – Jefferson et ses disciples à la Maison Blanche. Achat de la Louisiane. Seconde guerre contre l'Angleterre.

1829~1841 – Jackson et Van Buren à la présidence. Lutte entre les banques et le peuple, triomphe du peuple.

1841~1861 – Découverte de l'Or de la Californie en 1849. Dettes du « *Sud* » à l'égard des banquiers de New York et d'ailleurs. Esclavage des nègres. Prodromes de la guerre civile. A partir de 1861 – Guerre de Sécession, triomphe de la finance.

1869~1877 – Grant président. Scandales. Or contre le peuple.

1890 – Affaire de l'« argent. » Trusts.

1914 – Développement industriel, technocratie. La menace de l'abondance.

1935 – Chart of Potential Product Capacity.

1939 – « *War is his only way out* », phrase d'un député pour signifier que Roosevelt s'était mis dans de si beaux draps que la guerre était sa seule échappatoire, l'unique moyen qu'il avait de garder cachées ses erreurs passées, et de se maintenir au pouvoir.

Pourriture

Les *Annuals Reports of the Secretary of the Treasury* révèlent que de juin 1932 à juin 1939, le Trésor américain acheta pour 10 milliards d'or au prix de 35 dollars l'once, or qui peu auparavant n'en coûtait que 21,65. Ce même fisc n'a publié aucun communiqué quant à la provenance de cet or, de sorte que si le secrétaire du Trésor lui-même voulait maintenant savoir d'où il provenait, il ne trouverait dans ses archives que le nom du dernier vendeur. Ceci pour dire que le Gouvernement, autrement dit le peuple américain, a payé dix milliards de dollars à ceux qui possédaient l'or que, peu de jours avant le changement de prix, on aurait pu acheter pour 6 milliards : soit un don de 4 milliards à des vendeurs qui pourraient fort bien être des marchands étrangers, comme, de fait, ils le furent pour la plupart.

Dieu sait combien d'or le peuple a acheté durant la guerre, de 1939 à aujourd'hui.

La manœuvre est très simple. Quand les Rothschild et autres membres du consortium de l'or ont de l'or à vendre, le prix monte. Le public fait les frais d'une propagande pour la dévaluation du dollar (ou de toute autre unité monétaire, selon le pays qu'on a choisi de mystifier). On dit alors que le prix élevé de l'unité monétaire nuit au commerce de la nation.

Mais quand c'est la nation ou le peuple qui possède l'or, et les financiers les dollars (ou quelque autre unité monétaire), on *retourne à l'or* ; c'est-à-dire qu'on hausse la valeur du dollar, mystifiant une nouvelle fois les citoyens de la nation *riche*, tout comme ceux des autres nations.

Les manœuvres autour de l'argent suivent des lignes plus simples. Tout se rapporte à ce qu'Aristote appelle la pratique commune des affaires (1). Les marchands d'argent sont moins importants que les marchands d'or. D'autres métaux sont monopolisés qui n'entrent pas aussi intimement dans le jeu monétaire. A l'aide de ces clefs, nous pouvons ouvrir les archives ou le *Congressional Record* où bon nous semble, et y trouver les tentatives, de plus en plus timides, faites pour résister à ces manœuvres frauduleuses.

Quant à l'histoire monétaire ou financière, la théorie selon laquelle les Gentils sont des moutons se trouve amplement confirmée. Il y a peu d'années, je laissai entendre aux argentistes que l'avenir de l'argent résiderait dans l'utilisation industrielle de ce métal, mais on attendait l'arrivée de Sassoon en Amérique avant d'agir dans ce sens.

---

1. *Politique* 1. 4. 5. — Thales

Remèdes

Les paroles s'envolent, les faits se répètent. La vérité qui apparaît parfois n'est pas toujours bien comprise et souvent même tournée en dérision. Les économistes oublient de regarder ce qui est sous leurs yeux. Il y a neuf ans, un très fameux sociologue italien n'avait pas pris soin d'examiner les inscriptions sur les billets d'État ou de banque. Ces gens représentent une tradition millénaire.

Il semble que les gens n'ont pas d'yeux pour voir les objets usuels. Un professeur de la *London School of Economics* m'envoya, un jour, trois cartes postales satiriques, dont l'une était pourvue d'une espèce de soufflet qui laissait échapper des cris lorsqu'on pressait dessus. Il avait acheté ces cartes avec un bon des Chambres de Commerce françaises qui n'avait pas cours hors de France. Il me les envoya toutefois pour nier qu'il pût y avoir dans le même temps une monnaie valide partout, et une autre qui ne le soit que dans son pays d'origine.

Les divers groupes d'opposants aux normes financières et de réformateurs monétaires, faute d'une connaissance de la tradition, chacun en possession d'une *partie* seulement de la vérité, se contredisent et ne comprennent pas leurs différentes terminologies.

Fernando Ritter prétend avec raison que l'agriculteur qui livre son blé à la collectivité doit être assuré de recevoir, en retour, les engrais nécessaires aux récoltes à venir. Son propos fait écho à la déclaration de Zublay du temps de la formation des États-Unis :

« *Il faut faire croire que ce papier est bon à quelque chose* » (qu'on peut l'échanger contre quelque denrée).

Il faut que la monnaie soit la garantie d'un échange futur. Ces propos rejoignent la bataille livrée pour le dollar-marchandise et pour un juste indice des prix (*price index.*)

A cette juste proposition, Wall Street poussa les hauts cris :

« *Dollar de gomme, dollar élastique* » (*rubber dollar.*)

Naturellement les usuriers s'opposèrent à toute espèce de contrôle de la part du public ou de l'État, censé représenter l'intérêt public. **Les usuriers tiennent à ce que le contrôle de la monnaie reste entre leurs mains.**

Toute l'histoire des États-Unis oscille entre ces deux camps. Le peuple américain s'étant soulevé contre les usuriers de Londres se donna un Gouvernement à lui, lequel devint la proie des usuriers résidant en Amérique qui restaient en rapport avec les maîtres chanteurs de la *mère patrie*. Belmont, par exemple, représentait les Rothschild. Aujourd'hui le bureau central se trouve à New York et la succursale est à Londres. L'ubiquité des victimes importe peu, et le quartier général maintient un haut degré de mobilité.

Les usuriers agissent par fraude, par faux, par superstition et habitude de la comptabilité, et quand tous cet moyens sont épuisés, ils déchaînent une guerre. Tout gravite autour du monopole, et les monopoles particuliers gravitent autour du grand monopole illusionniste de la monnaie.

Bibliographie

Il n'est point besoin d'une vaste érudition pour comprendre cette phase de l'histoire, si le lecteur a pris soin de commencer par le début, c'est-à-dire : la *Politique* et l'*Économie* d'Aristote, et les *Discours de Démosthène* (par exemple : *Contre Dionysidore.*)

Le cas particulier des États-Unis se trouve exposé dans les livres indiqués dans mon *L'Amérique, Roosevelt et les Causes de la Guerre présente.*

Écrits de John Adams et de Jefferson (pour commencer)

C. Bowers : *Jefferson and Hamilton*, pour le Scandale de l'Assomption,

Van Buren : *Autobiography.*

Henry Adams : 4 volumes sur les administrations respectives de Jefferson et de Madison, d'un moindre intérêt pour une étude spécifiquement économique et monétaire.

Les romanciers et les auteurs comiques donnent parfois une idée plus claire que les professeurs.

On apprendra davantage de Ernest Poole : *The Harbour* (pour la romance des « *Clippers* ») et de William Mahl : *Two Play of the Social Comedy* (sur la tentative d'accaparer tout l'or en 1869), que des historiographes.

J'ai déjà cité le *Report of the National Survey of Potentiel Product Capacity*, 1935, New York. Housing Authority.

Irving Fisher fut en Amérique le premier à publier un clair exposé du système monétaire de Gesell « *Stamp Scrip* » (prescriptible). La source de cette école est *Die natürliche*

Wirtschaftsordnung durch Freiland und Freigeld (L'ordre économique naturel fondé sur l'affranchissement du sol et de la monnaie, 1916) de Silvio Gesell.

H. A. Fack, de San Antonio, Texas, en est l'éditeur américain qui, depuis des années, publie un mensuel idéaliste *The Way out*. La révolte de l'Alberta (province canadienne de 600000 âmes) découla des théories de C. H. Douglas mâtinées de gesellisme.

Pour une introduction à la tendance des technocrates, pratiquer :

Dexter Kinaball : *Industrial Economics*.

D. R. Dewey : *Financial History of the U.S.* — pourrait servir à l'étudiant *déjà apte* à comprendre la portée des faits qui y sont réunis. Ce livre qui fut réédité plus de douze fois et qui fait autorité dans les universités manque totalement de candeur. Pour autant qu'il m'en souvienne, Dewey n'a pas fait mention des auteurs susnommés, hormis Henry Adams qui est inoffensif.

L'impréparation des étudiants, forme de schizophrénie démo-libérale, vient de la négligence des études, et de l'idée moderne que le grec est une langue morte d'aucune utilité pour la vie ordinaire. Ou bien l'étudiant commence par Adams Smith au lieu d'Aristote, ou bien son esprit est obscurci par l'esthétique que lui donnent la *Poétique* et la *Métaphysique*.

On devrait, dans les écoles de commerce, étudier sinon les textes mêmes, du moins quelques morceaux choisis dans une bonne traduction. A celui qui devant cette mutilation crie au scandale et se pique d'érudition, on présenterait le texte intégral augmenté d'un index où seraient réunis les morceaux qui ont une portée immédiate sur les affaires courantes, et qui servent véritablement d'enseignement pour l'existence. Cela ne nuirait à aucun homme de bonne volonté.

Table chronologique

Récapitulant d'autres faits témoignant du degré de perspicacité atteint à diverses époques de l'histoire américaine.

1684 – L'Angleterre supprima le petit Hôtel de la Monnaie du Massachusetts où était frappée une petite quantité d'argent.

1814 – Calhoun s'opposa à un processus par lequel le Gouvernement devait emprunter son propre crédit.

1819 – Crawford émet des billets du Trésor sans Intérêt.

1825 – La crise industrielle en Angleterre conduisit au dumping, le marché américain est inondé de marchandises à prix de banqueroute.

1832 – Jackson : « C'est le travail qui donne sa vraie valeur à la terre. »

1834~1835 – Jackson liquide la dette nationale. Les États-Unis ne doivent rien à personne.

Il n'est pas jusqu'à Dewey qui n'admette que la diminution des dépenses entre 1816 et 1833 est due à la réduction, puis à l'élimination du paiement des intérêts sur la dette publique.

Voici le bilan des gains et des dépenses du Gouvernement entre 1816 et 1833 :

1816 – encaisse 47 677 000 dollars.

1816 – dépenses 31 196 000 dollars.

1833 – encaisse 33 948 000 dollars.

1833 – dépenses 23 017 000 dollars.

Intérêt sur la dette publique :

1816 – 7823000 dollars.

1833 – 303000 dollars.

Et puis zéro.

1836 – Le Trésor national ayant un bilan positif, cet argent fut distribué aux divers États.

Sans remonter jusqu'au légendaire calife mahométan, les ignorants qui ont crié au scandale quand G. H. Douglas proposa un dividende national, sont priés de considérer les faits suivants :

Le Massachusetts donna l'argent qui lui avait été versé aux villes et contrées ; Boston l'utilisa pour les dépenses courantes ; Salem, pour construire une mairie ; Groton, pour réparer un pont ; le Maine réalisa une distribution per capita.

1863-1864 – Chase favorisa la plus grande distribution du prêt national parmi le peuple, au lieu de trafiquer avec les banques.

1878 – Le parti « dos-vert » (*greenback*) en faveur des billets nationaux et contre le monopole des financiers, reçut un million de voix.

1884 – Fin du parti dos-vert.

Note

Je ne voudrais pas être injuste envers D.R. Dewey en disant qu'il manque de candeur. Mais il n'est pas rare de le voir s'engluer dam sa visqueuse terminologie. Le crédit, par exemple, ne se forme pas directement en richesse. Aucun papier ne peut opérer un tel changement. En revanche on peut fort bien transformer le crédit en pouvoir d'achat Toute espèce d'indication imprimée sur un objet ou une substance quelconque y suffit.

C'est à Rapallo que j'ai, il y a peu, rencontré le parfait exemple de bon sens monétaire instinctif. Baffico, le marchand de journaux, qui n'est certainement pas un esprit érudit, venant à manquer de menue monnaie, et se refusant à utiliser des timbres-poste qui, après une série d'échanges, perdent leur fraîcheur et leur gomme, fit imprimer des petits cartons qu'il remit à ses clients en guise de monnaie. Eh bien, j'ai trouvé le signor Baffico indigné de ce que les autres commerçants eussent accepté ses cartons. Aussi bien dût-il dépenser pour en faire imprimer une seconde provision.

Tout aide-mémoire sert à simplifier la comptabilité, et à nous libérer de la nécessité de tenir un livre des dettes et des crédits.

Afin que l'argent, les avertissements, symboles, ou certificats de dette soient des moyens d'échange valables, il faut que celui qui les émette ait de quoi les honorer.

F. Ritter, dans un récent article, insiste sur la convertibilité de l'argent. Son pessimisme ne porte pas du tout sur la possibilité ou l'opportunité d'utiliser le travail comme mesure de valeur des denrées à livrer.

*« L'usure est le cancer du monde que seul le scalpel
du fascisme peut extraire de la vie des nations. »*

Post-scriptum aux trois essais

Tout le devoir d'un corps représentatif pourrait se réduire à surveiller l'émission et la dépense des deniers publics.

L'infantilisme de nos législateurs transparaît de l'attention exclusive qu'ils portent à la dépense, alors qu'ils n'en prêtent aucune à l'émission et à ses modalités.

Ubi jus vagum (1) : Une autre infirmité des États-Unis est de promulguer des lois et des ordonnances d'une terminologie incertaine. Il arrive même que les mots qui en composent les textes ne se rencontrent dans aucun dictionnaire légal.

Les Américains ne virent pas le danger qu'il y avait dans l'aveu lyrique d'un juriste haut placé :

« Bah ! Tout ce qui m'intéresse, c'est de voir ce qu'on nous donne à boire ! »

Pound, se regardant comme un patriote loyal envers la Constitution des États-Unis, engagea, par le canal de Radio Rome, ses compatriotes à mettre sans plus tarder de l'ordre dans leur maison.

---

1. *Lorsque la loi est vague.*

Il est difficile d'écrire un paradis quand tout semble vous pousser à écrire une apocalypse. Il est évidemment beaucoup plus facile de peupler un enfer ou même un purgatoire.

Vers 1963, il dit :

« Je suis dans l'incertitude totale. Je ne travaille plus. Je ne fais rien. Je contemple les choses. »

Ses dernières années sont marquées par un silence terrible. En 1968 paraissent les *« esquisses et fragments »* des derniers *Cantos* qu'il envisageait d'écrire : *Drafts and Fragments* : *Cantos* III-II7. On lit des bribes de phrases comme celles-ci :

« Vers la limpidité, voilà l'exultation" ;
« Du naufrage du temps, ces fragments" ;
« Je n'arrive pas à la cohérence" ;
« Un joli petit paradis au-dessus du gâchis" ;
« Tout cohère, je vous dis, même si mes notes ne cohèrent pas" ;
« Lumière pure, nous te supplions ; cristal, nous te supplions ; clarté, nous te supplions" ;
« Vent blanc, rosée blanche. »

Ezra Pound est mort à Venise le 1er novembre 1972, à l'âge de 87 ans.

Kenneth White
La République des Lettres, n° 62,
Paris, Août 1999.